裁判の心　調停のこころ

川口冨男

題字：上野　道善

（第二一九世東大寺別当（現・長老））

川口冨男先生

まえがき

川口　冨男

裁判エッセイを中心とする文集を世に贈ることになりました。

　私が裁判官を退官後、身を寄せている弁護士法人中央総合法律事務所が発行している季刊「事務所ニュース」に「毎号文章を寄せて頂けませんか」というお勧めを受けました。法律事務所のニュースだから、法律や裁判のニュースと思い付くのが普通ですが、当時、「事務所ニュース」の担当者であった岩城本臣先生から「何か一般的なものが欲しい」と言われる。「それではエッセイになるのが普通だが、私は毎号味のあるエッセイが書けるほど文才はないし、まあ裁判や法律に関するエッセイとしておけば、制約がある反面、かえって的が絞り易いかもしれない。冊子の性格にも合う」と思い、提案したところ、岩城先生は「それでいこう」と言われる。先生は非常に編集者的感覚に優れた方で（日本弁護士連合会の機関誌「自由と正義」の編集委員長をされたこともあります）、先生はすでに何か様になることを予感しておられていたのでしょうが、私には具体的なことはまだ何も浮かんでいませんでした。ですが出発しました。

そもそも裁判エッセイなどというジャンルも概念もありませんから、困った時は辞書の定義から始めるという手法も使えません。しかし何編も没にしながら、何編かを印刷にまわすという試行錯誤を繰り返し、舞台を跳ね回るような動きの派手な演出で爆笑王と言われた落語家桂枝雀の、落語家が座る座布団に手か足がかかっていれば落語である、とうそぶく珍説のひそみに倣(なら)って、拡大解釈を試みた結果、何かペースらしきものが掴め、五十数編を書き上げることができたのです。

それとともに、エッセイを書きながら裁判のこころ的なものを普段と違う別の、遠いところから眺め入ると、何か違う風味、姿が私には見えてきたようなのです。それは昔から世間の常識や情愛に通じ、道端にしっかり立っておられる、馴染み深いお地蔵さまに似たお姿でした。

読者のどなたかがまた、この本を読まれて何かを感じ取って下されば……裁判エッセイのジャンル確立の一証左になる訳で、著者として幸いこれにすぐるものはないのでございます。

本書の出版に関しては、長年にわたる温かい、決して諦めることのないお勧めを受け、今回の出版の交渉、章立て、配列等の編集、題名決定及び題字揮毫者の決定、交渉等々、要するに書籍出版の全てのことについて岩城先生に尽力を頂きました。全くもって岩城先生が居られなかったらこの本は誕生しておりません。その一部のみを記して心からの最大の感謝を申し上げます。また会長弁護士中務嗣治郎先生からは何度にもわたる出版のお勧めとお励ましを頂きました。事務所秘書財部敦子さんには秘書的業務を遥かに越える支援、協力を頂きました。記して感謝申し上げます。

（献辞）

（平成二八年一月　記）

刊行に当たって

本書は、故川口冨男先生（弁護士・法曹会特別会員・元高松高等裁判所長官）から生前、出版に向けて原稿をお預かりしていたエッセイ集です。川口先生の所属事務所・弁護士法人中央総合法律事務所の方々とともに編集作業に取りかかっていた矢先の平成二八年二月二四日、川口先生が突然ご逝去されました。

なお、本書は、中央総合法律事務所の季刊誌「事務所ニュース」に掲載され、当会の会員誌「法曹」にも数回にわたり転載されたエッセイを基に、掲載順序を内容の近似性で章立てをしてまとめたものが主となっております。編集方針の都合上、執筆当時の時事に関する言及や、掲載時系列の前後のエッセイに関する箇所は、最低限の注釈（括弧書き）に留め、原文の内容を維持しております。

川口先生のご生前のご厚情に感謝し、故人のご功績を偲び、謹んでお悔やみ申し上げますとともに心からご冥福をお祈りいたします。

一般財団法人　法　曹　会

目次

第一章　裁判官のありよう、裁判のありよう

コラボレーションとしての民事裁判

一　民事裁判の成り立ち

私は、民事裁判はコラボレーションであると考えています。或いは民事裁判をコラボレーションとして意味づければ、よりよい裁判が実現できると言った方がよいかもしれません。コラボレーションなどと耳慣れないことを言い出して、と思わないでください。言葉自体をご存じなくても、その意味や意義については、皆さん先刻ご存じのところなのですから。

二　コラボレーションとは

そこでコラボレーションという言葉のおさらいをしておきますと、異なった職業や立場の人が協力して、一つの企画、事業或いは作品を作り上げることを言います。異業種協同と訳することができます。動詞はコラボレートです。これに対して、同じ立場のものが協力することは、コーオペレーションと言います。

フランス語で、コラージュというと、美術作品で、油絵に写真や新聞を貼り付けたりしたものを指しますし、ジャズに尺八が加わったり、クラシック音楽の分野でも、武満徹の「ノヴェンバー・ステップス」のように、洋楽器から成るオーケストラに和楽器である琵琶や尺八が加わっているのがありますが、こうしたものもコラボレーションなのです。

異なったものが協同することによって、同種のものだけで成り立っている世界とは異質な、或いは全く新しい世界を創造することが期待できるのです。

移民国家として成立したアメリカの現在の勢いの根元は、コラボレーションとしての多民族国家にあるという観察があることも参考になるでしょう。

三　民事裁判とコラボレーション

民事裁判を例にとってみますと、裁判は、裁判官の指揮訴訟のもとに、訴訟代理人が主張や証拠を提出して、裁判官が判断するというものだと把握するのが普通の見方ですが、これを原告、被告、そして、その代理人である弁護士、そうして裁判官という異なった立場の者が、それぞれの立場で、しかし真実追究を目標として主張する場とみると、これはコラボレーションそのものなのです。これに、事実についてものを言う証人や専門的知見を提出する鑑定人、国民の代表者としての傍聴人が加わります。裁判所サイドでは、書記官等の職種も加わります。こうしたいろんな立場の人が、コラボレートすることで、動的で、よりよい裁判が実現できることになるのです。企業に関する訴訟では、法務担当者の活躍を欠かせませんが、法務担当者もコラボレーションの一員として意味づけることで、その役割を明確にできると思います。裁判は裁判官が主催し、当事者は受け身で、裁判官の指揮に従っているという裁判観では出てこない、躍動的な法廷が実現し、よりきめの細やかな、実態に即した裁判が実現することになります。

四　豊田商事破産事件とコラボレーション

私はむかし、裁判長として豊田商事破産事件を担当しました。破産事件というのはコラボレーションそのものでして、裁判官、書記官、破産管財人、債権者やその代理人等々が異なった立場で、精一杯活動することによって、所期の目的、すなわち、破産財団の確保、公正な配当が実現できるのです。裁判官の任務はこうした異業種協同が的確にいくように配慮することにあるのですから、私は事件受理の当初から、そうした考えのもとに綿密な計画をたてて役割分担をするとともに、異業種の協同をしていったのです。このコラボレーションが的確に作動したため適切な解決が得られたと観察しています。

五　これからの民事裁判の在り方

新しい民事訴訟法を始めとする最近の立法や実務の動きをみますと、当事者の自主的な役割が強調されています。裁判は決して裁判官だけが独りしゃかりきになって動かしていくものではありません。

それでは真実を把握することはできないでしょう。当事者双方がそれぞれの立場で、事件についての所感を的確に主張し、裁判官や相手方を刺激し、裁判官もまた独自かつ岡目八目的な立場で、所感を述べて、全体として生き生きしたやりとりをすることによって、修正すべきところは修正しながら、真実に近づいていけるのです。こういう訴訟運営のもとにおいては、実情に即した判決が得られるだけでなく、建設的かつ抜本的な和解ができるものです。弁論の活性化などとも言われます。当事者として手続に関与し、こういう主張ができることを当事者権とも言います。

当事者サイドの問題としては、こうしたコラボレーションに参画できる弁護士を選任することが、その権利擁護の一里塚になるでしょう。

裁判官はどのようにして心証を形成するか

——迅速な裁判と心証形成における三省主義——

一　裁判は結論の正しさが生命

私は、長年裁判官をし、民事事件を担当していました。争いのある事件で真相を把握することは簡単なことではありません。相反する証拠が出てきますし、虚偽の証拠が出ることもあります。逆に必要な証拠が出ないこともあります。虚実様々な証拠や無い証拠から個々の事実を認定することは大変な作業です。個々の事実を正しく認定できたとしても、さらにそれを総合して裁判の結論をどのようすべきかがまた難問です。

裁判で一番大切なことは正しい結論を出すことですが、どうすれば、正しい結論を得ることができるのでしょうか。

二　三省主義とは？

私は、心証形成における三省主義というものを実行していました。三省というのは、論語に言う「三省」、つまりわれ日に三度わが身を省みる……のあの「三省」から私が命名したものでして、一番目は、法廷で考える。二番目は、記録を見て考える。三番目は、両者から離れて考える、ということを内容とします。法廷で考えるということは、裁判の現場で考えるのですから、実情に合うはずですが、逆にいうと、事件によっては興奮状態で考えたり、情に流される危険があります。記録を見て考えるということは、冷静になれますし、知的作業に適しますが、理屈に走る危険があります。両者から離れて考えると、大所高所からの判断が可能になりますが、証拠を無視したり、大雑把になる危険性があります。このように、それぞれのアプローチには長所短所がありますが、この三つを併用しますと、短所が補われ、長所がより発揮できるはずなのです。

そして、この三つの結論が一致すればよし、一致しなければ一致するまで検討を繰り返します。法廷での視点では、原告勝ちのように見えるが、他の二つの視点ではそうならないということがあったとします。なぜそうなるのかを再三再四検討するのです。一致するまで三者に議論させるのです。自分の中での三権分立のようなものです。多数決はいたしません。そうして得られた結論は、まず大丈夫のように思っていました。検討を繰り返しても、どうしても一致しない場合もあります。実は、そういうときこそ割合的解決ができる和解が最善であることを示唆するものでして、実際は和解が成立したものです。

三　心証が変わったときの検討

これに、裁判の進行途中のある時ある時の心証があります。微妙な事件では心証は結構変わるものなのです。裁判の進行途中の心証もメモしておきますから、もっと後に心証が変わったときには、過去と現在の心証同士の討論も行います。心証は後の方が正しいと思いがちですが、必ずしもそうとはいえないからです。

四　判決書の起案

そうした上で、判決書を書いていきます。文章化することによって、今までのいわば主観的な検討が、客観的に試されることになります。判決書を書いてみると、いままでの考えの不十分なところや、矛盾点がはっきりし、理由付けや結論を変更しなければならないということもあるものです。

事件の結論を出すこのような過程からしますと、裁判というものはかなり慎重な作業であるということがお分かり頂けたかと思います。

五　現在の「民事裁判をより早く」という流れの中で

政府の司法制度改革推進本部の顧問会議では、最近すべての裁判の判決が二年以内に得られるように裁判の迅速化を図るという提言をまとめ、推進本部長の小泉首相（当時）がこの提言を支持するとの談話を出しました。民事裁判の迅速化は、時代の趨勢でして、民事裁判の最近の実務でも、争点整理や集中証拠調べをして、裁判が以前と比べてかなり早く出されるようになっています。

その方向は全く正しいのですが、裁判において何が一番大切かというと、それは裁判の結論の正しさなのです。早い裁判をしても、結論が間違っておれば、百害あって一利なしです。一気呵成に裁判をしてしまうと、どうしても間違いを正す機会がなくなるおそれなしとしません。事件というものは、複雑で、裏があって、深みがあるものです。こうした様々な様相を過不足なく浮かび上がらせ、検討することがいつの時代でもやはり大切なのです。ちょっとした光線のあて具合で、ものの見え方がまるで違うということを経験することはしばしばあるものです。いつの時代でも裁判官が私の言う三省主義を励行する必要がなくなる訳はないのです。裁判を早くするためには、そして、その裁判の結論が正しいものにしていくためには、関係者がこうしたことを十分に自覚して、その事件に合った訴訟活動をしなければならないのだと思います。

六　弁護士の準備の充実が大切

特に大切なのは、弁護士の準備作業の充実です。弁護士は、情報は自分の依頼者からしか得られないのが普通で、これと客観的な書証等で事件を組み立てますから、その組み立てが不十分である可能性があります。以前のような訴訟進行ですと、しばらく主張整理をしていく中で、事件の本筋が見えてくることがありえ、それに応じて主張を変更していくことができましたが、事件の本筋が見える前に争点を固めてしまうことが要請されることになると、経験を積んだ弁護士が事件を正しく見通して、最もふさわしい裁判形態を選び、裁判の最初から正鵠を射た主張ができ、必要な証拠を提出できなければならないのです。

討議と対話　――裁判における「合議」の性質――

デヴィッド・ボーム（量子力学の世界的権威）著『ダイアローグ』（金井真弓訳・英治出版、二〇〇七年）に次のようなエピソードが紹介されています。

「二〇世紀を代表する物理学者アルベルト・アインシュタイン（相対論）とニールス・ボーア（量子論）が何年にもわたり、物理学について、非常に忍耐強く、友好的な態度で、何度も議論を交わしたが、二人の想定や意見の違いがとうとう相容れない地点にまで達した。ボーアは量子論に基づき、アインシュタインは相対論に基づいていた。どちらも妥協することなく、同じ見解を繰り返すだけであった。そしてついに、それ以上の議論は無駄だと悟り、二人は次第に距離を置くようになった」

ボームは、この対立について「彼らはそれぞれ自分の意見を真実だと感じていたため、どんな意見も共有できなかったのである」と言っています。そして、ボームは、二人の意見交換方法は討議、すなわちディスカッション（discussion）であったと言います。ディスカッションは、打楽器（percussion）や脳しんとう（concussion）と語源が同じで、これには物事を壊す、という意味がある。ディスカッションは分析という考え方を重視する、つまり分析し、解体する。ディスカッションはピンポンのようなもので、人々は考えをあちこちに打っている状態だ。そしてこのゲームの目的は、勝つか、自分のために点を得ることである、とボームは言うのです。

ですから、討議では、意見が一致することは少なく、物別れになるか、多数決で決めざるをえないことになります。

＊　＊

これに対して、対話（dialogue）は、ギリシャ語の「dialogos」からきた言葉で、人々の間を通っていく「意味の流れ」というイメージのものである。そこでは、点を得ようとする試みも、自分の意見を通そうとする試みも見られない。それどころか、だれかの間違いが発見されれば、全員が得をすることになる。人々は互いに戦うのではなく、「ともに」戦っているのである、とボームは言います。

だから、アインシュタインとボーアは、討議ではなく、対話をするべきであった。対話をしていたならば、彼らは相手の意見にきちんと耳を傾けられたかもしれない。そして、二人とも自分の意見を保留し、相対論と量子論を超えた新しい理論にたどり着いただろう、とボームは残念がっています。

＊　＊

三人以上の裁判官で裁判をする場面があります。この合議体が意見を決める際に「合議」をします（法律は「裁判の評議」という表現をしています。裁判所法七五条）。この合議の仕方について法律は、結論については「過半数の意見による」と定めているだけですが、慣行的に行われている方法は、次のようなものです。

合議は、裁判官がそれぞれ意見を述べることが基本です。その意見が何に関するものかという観点から分類すると、①裁判の結論についての意見（民事事件では、原告勝訴であるとか、刑事事件では、被告人有罪であるとかの意見）、②結論に至る個々の争点についての意見（争点になっている売買が有効かどうかなど）、③そうした個々の争点についての意見を固めるために必要な素材に関する意見（「売買があった」という証言が信用できるか、その証人はどういう立場の人なのかなど）等となるでしょう。

この分類を前提として、意見を作る過程の実際を見ることにしましょう。人が自分の意見を作る場合には、いきなり①の意見が固まるのではなく、とっかかりの③のところから考えて、積み上げていくものです。簡単な事件では、そうして作り上げた一人ひとりの結論的な意見を合議で述べ合うことで足りますが、複雑な事件では、一人としても、合議体としても、意見として固め上げることはしばらくおいて、考えとして固まる以前の素材を並べて、三人で③から②、さらに①へと検討を進めることがあります。この三人による検討では、三人がまるで一個の脳を共有しているようになって検討し、考えていくことになります。この共有の脳はかなり容量が大きく、複眼的な性質を持つものと考えていただくとよいと思います。真相の把握しにくい、複雑な事件では、裁判官それぞれが確定的意見を構成する以前に、前段階的な素材を目の前に置いて、これを三人で検討して、いわば星雲状態のものを固形状態に固めていくような作業をするのが有用なのです。その上で、各裁判官は、この共有の脳が持つに至った、より整理された情報をも利用しながら、自分の意見を固めていきます。その上で更に、三人で合議を繰り返します。

なお、合議では「飛び乗り飛び降り勝手次第」として、当初の意見にこだわらず、意見交換を通じ、柔軟に意見を修正することも大切とされています。「君子は豹変す」べきものなのです。

そこでは、アインシュタインとボーアの意見を対立させた不毛の討議ではなく、意見を構成する以前の意味が構成員の間を流れ、生成発展していくことになります。

*　　*

この裁判における合議は、まさに対話(dialogue)に当たるでしょう。地方裁判所、高等裁判所では、普段の執務室で四角い机に座って合議をしますが、最高裁判所には特別の合議室(評議室と呼ばれています)があり、円卓を使用しています。一五人(大法廷)又は五人(小法廷)による合議ですから、円卓の方が意見の交換がうまくいきます。裁判所では、合議体の構成員の表決権は平等ですから(裁判長は、評議を開始し、整理する役目を負うだけです)、その意味でも皆を平等に扱うことになる円卓が相応しいのです。

ボームも、「対話の基本的な考え方は、ひとびとが輪になって座ることだろう。そうした幾何学的な並び方だと誰かが特に有利になることはない。ダイレクトなコミュニケーションが可能である」と言っています。

政府等の各種審議会の議事方法が討議なのか、対話なのかについては、前者の趣が強いように思います。それでは意見が生成発展しにくいと思います。会社の取締役会はどちらでしょうか。裁判所の合議のような対話がもっと世に広がるとよいのですが。

第三の目

恩田陸著『チョコレートコスモス』（毎日新聞社、二〇〇六年）は、舞台女優の迫真に満ちたオーディション風景を描いて見事な小説ですが、優秀な女優である主人公の響子は、次のように考えています。

「響子には持論があった。彼女が好きな役者には三つの目がある。役者自身の、個人の目。それを客席から観る客観的な目。そして、その両方を少し高いところから……もしくは、少し深いところで分析する第三の目。この三つの目をバランスよく持っていると感じられる役者が彼女の好みだった。役者によっては、一番目の目や二番目の目しか持っていない人もいるし、その両方を持っている人もいる。それだけでもやっていけないことはないし、それも個性だろう。

だが、やはり第三の目はある。と響子は思う。それを歳月を掛けて獲得する人間もいれば、最初から持っている人もいる」

恋とか愛の話は全くなく、帯に「恩田陸が放つ、熱狂と陶酔の演劇ロマン」と書かれているように、演劇のことで終始する小説です。

＊　　　＊

一八代目中村勘三郎襲名興行（平成一七年七月大阪松竹座）の演目の一つ「野田版・研辰（とぎたつ）の討（う）たれ」を例にとりましょう。これはけたたましいといってよいほどの動きがあって満場を終始爆笑の渦に巻き込む芝居で、一歩間違えばドタバタ喜劇になりかねないのですが、観客をがっちり掴んで離さない魅力がありました。私が観た日にもカーテンコールがありましたが、千秋楽では、カーテンコールでスタンディング・オヴェーションになったそうで、こうしたことは歌舞伎興行では異例と言ってよいでしょう。評判も抜群でした。

その秘密は、勘三郎や主立った出演者に第三の目があったからだと思います。セリフは多くて早く、手ぬぐいを片手に持ってあふれ出る汗を拭いながら、敏捷に動き回る勘三郎や共演者が、それぞれの第三の目で把握されていたから、激しい渦のような舞台なのに、演技に自発性があり、呼吸がぴたりと合っていて、有機的な絡み合いができていました。そこから生れたまとまりのある重力が引力になって観客を舞台に引き込んだのだと思います。舞台と観客が文字どおり一体になっていました。

演劇では演出者が第三の目の役割をするのでしょうし、この芝居の場合は「野田版」と銘打つ位で、脚本兼演出の野田秀樹が毎日舞台を観て駄目出しをしていたというのですから、その役割も大きかったのでありましょう。

＊　　＊

判断をするときや意見を表明するときに、このような第三の目があると、たとえその判断や意見が特異で鋭いものであっても、ある落ち着きが感じられて、人の心にしみいるような、或いは引きつけるような説得力を持つように思います。

第一に発表者自身の目があります。第二にそれを客観的に見る目があります。第一の目だけで突っ走ると、鋭いかもしれませんが、どこへ行くのか分からない危険があります。これに第二の目が加わりますと、判断や意見が客観性を帯びて、安心できるようになります。

さらに第三の目が加わって、第一と第二の目が見ているところを、さらに高みから或いは深みから分析するということになりますと、根拠があると言えるか、構成や発表の仕方は妥当か、幅や深みはどうか、影響はどうか、あげくにその色合いまでが見えることになるのだと思います。判断や意見が立体的になり、分かりやすくなりますし、落ち着きます。

政治や経済に関する判断でも、裁判における事実や法律に関する判断でも、おおよそ重要な判断というものは、第三の目による検討を経たものでなければなりません。

＊　＊

以前この裁判エッセイ（（注）第一章七頁「裁判官はどのようにして心証を形成するか」）で、「私は裁判官当時、裁判で心証を形成するときに、三省主義というものを実行していた」と書いたことがあります。

これは論語の「われ日に三度わが身を省みる」の「三省」から私が命名したもので、①法廷で考える、②記録を見て考える、③両者から離れて考える、の三様の思考をし、その三様の考えが一致したときにそれを裁判の心証にするというものです。

①は法廷で考えるのだから、実情に合うかもしれないが、情に流されているかもしれない。②は記録を見ながら考えるのだから、冷静かもしれないが、理屈に走っているおそれがある。③は両者から離れるのだから、大所高所からの判断かもしれないが、大雑把になる可能性がある。というそれぞれの長所短所を総合する判断方法なのです。

この三様の考えが異なるときにどうするかですが、多数決では決めずに、さらに検討を加えて結論が一致するまで考え抜くというところがミソなのです。

＊　＊

この三省主義そのものが、三つの立場ないし目を持っているのですが、それぞれに、上の第一から第三の目を掛け合わせると、なんと九つの目があるということになります。これでは裁判官は八岐大蛇（やまたのおろち）も三舎を避ける怪物ということにもなりかねませんが、こうしてまで裁判には客観性が担保された判断が要請されるということです。

実はそれだけではありません。合議事件であれば三人の裁判官の目が掛け合わされます。そしてさらに判断したところを判決書に仕上げますから、この文字化作業の中で、周到に検討する複数の目が加わります。そうすると、目は一体いくつになるのでしょう。

なお、以上の目は、いずれも決定責任者だけの目をいうのでして、決裁や稟議の関係で関わる第三者の目は対象になっていないことを申し添えておかなければなりません(実のところ裁判の世界では、担当裁判官だけが独立して判断しますから、裁判官が上司に決裁や稟議を求めることはありませんし、担当裁判官の下からこれを上げてくる人もいないのです)。

判例委員会で学んだこと

最高裁の判例委員会は、民事、刑事に分かれて毎月一回開かれます。最高裁裁判官六名が委員となり、二〇名位の最高裁調査官（最高裁に係属した事件の調査を担当する判事）の全員が幹事となって、前月にされた最高裁の裁判の中から、実務上参考になる法律理論や事例を選び、それぞれについて、判断の対象（判示事項と言います）と判断内容の要点（判決要旨と言います）を決定します。そしてこれがその事件についての地裁、高裁、最高裁の判決書とともに最高裁判例集に登載され、いわゆる公式判例になるのです。戦前の上告審であった大審院以来の制度です。以下は、民事の調査官として経験したことです。

判示事項と判決要旨は、一つの文章だけで書き上げられ、簡潔かつ正確であることが求められ、当然のことながら、分かりやすくなければなりません。一つの文章で書くという原則は、正確性をより厳密にするためですが（ですから法律や条約の条文も一文が原則です）、関係代名詞のある英語と異なり、日本語では一文の中で分かりやすさを実現するには工夫が必要です。主語と述語の選び方や、形容句の配置などで工夫をします。

原案は、事件を担当した調査官が作成し、所属の部屋で他の調査官の点検を受けたうえで、調査官全員の全体検討会を経て、正式に委員会に提案されます。裁判の事実関係は多様で複雑ですし、判例理論も先例のないものですから、一文となると文章は長くならざるをえないのですが、一方では簡潔と分かりやすさが求められるのですから大変です。原案が部屋での点検と全体検討会の検討を経て、完膚無きまでに修正され、それがまた委員会で修正されるのですが、それぞれの検討の全部にわたって説明を担当し、質問に答えるのですから、新人のころには緊張したものです。極端な話、原案と成文の間に共通なのは、マルとポツだけであったといってもよいほど変貌することがあります。

＊　＊

この経験は法学部でのゼミ以上にリーガルマインドを鍛えるものでありましたが、特筆しておきたいことは、どんなに複雑な事実関係であり、どんなに複雑で高度な法律理論であっても、簡潔で正確で分かりやすい一つの文章は必ずあるもので、日本語にはそれに応えるに足る表現力がある、ということを納得したことでした。大袈裟な言い方になりますが、究極の表現と言うべきものです。原案作成の段階では、特に初心の頃は、その究極の表現が見えていないだけで、いろんな検討を経る中で究極の表現が姿を現してくれる、ということなのです。形容詞が使われることはなく、文学的な薫りがあるものではありませんが、勁い美しさをたたえているように感じます。なお、複雑なことを簡潔な一文で正確かつ分かりやすい表現しようとする努力は、制約の多い作歌や作句にも似て、文章力の鍛錬になるようです（筋力の鍛錬に負荷が必要なのと同じ理屈です）。

そこで教訓。実務家は、どんな事柄についても素早くこの究極の表現ができること。

＊　　＊

担当者は、検討会や委員会で、表や図などの補助資料なしに口頭説明をしますが、当然説明は簡潔で正確で分かりやすくなければなりません。しかし、事実関係は複雑であることが多いうえに、裁判には一審以来の経過があり、その変遷をも力点を置きながら説明しなければなりませんし、当該の判決理論の背景、判例・学説の分布や現在の社会経済情況の中での位置付けの説明もしなければなりません。説明や応答は、繁閑よろしくリズミカルにすることが大切です。修正意見が常に正しいとは限りませんから、その裁判のことを一番知っている担当者として、適切に対応する責任があるとされます。

そこで教訓。実務家は、いろんな場面で必要に応じ、簡潔で正確で分かりやすい口頭説明をする技倆を持っていること。

＊　　＊

ある判例委員会でのことです。事実関係の中での権利の移転は甲、乙、丙の順でしたが、判決要旨案では、乙が文章の最初に登場する形になっている事例が審議されました。調査官全員の検討会でも、乙が文章の最初に登場する案文が了承されたので、その案文が委員会に上程されたのです。審議の際に、K調査官が「判決要旨作成の慣行では、甲が最初に登場するべきであって、乙が最初に登場する文章はおかしいのではないか」との意見を出しました。言われてみると、そのとおりなのです。慣行からだけではなく文章論の一般からいってもK調査官の言うことが正しいのです。といって事実関係で権利移転が乙から始まると訂正するのは不自然だし、分かりやすさが損なわれます。事実関係ではやはり甲、乙、丙の順で権利が移転したと表現することが求められるのです。

委員長はK調査官に「対案を出したまえ」と指示しました。K調査官は、検討会にも出席していましたがその時には発言がなかったので、委員会の時に慣行との齟齬に気がついたのでしょう。そんな時には、正式の場で異論を出すことに躊躇するものですが、ここで黙すると出来のよくない判決要旨になってしまいます。そこでK調査官は咄嗟に勇気を出して異論を出したのでしょう。そのことにまず感銘を受けました。

委員長の指示を受けたK調査官は、次の案件の審議が終わった時に、「先程の対案ができました」と言って対案を提示しました。権利移転の関係でも、判決要旨の中でも、甲、乙、丙の順で表現されており、しかも簡潔、正確、分かりやすさの点でも申し分のない見事な案文でありました。それでそのとおり委員会の決議が行われました。

一つの案に反対するのであれば、反対の理由があるわけで、その理由を述べるのは当然ですが、反対の理由を述べるだけでは事柄は進捗しません。反対の理由を折り込むと原案はこのように修正することになる、という対案があると、議論の内容と結果が歴然とします。するとまた、その修正意見に対する修正意見も出しやすく、討議が実りあるものになります。

以来私は、異論を出す場合には対案を提示するようになりました。その場で対案を提示できないときは、今は提示できないが後刻すると釈明しておいて後に提示するのです。

そこで教訓。実務家は、異論を出すことに躊躇しないこと、そして、異論を出す際には同時に、又はその後適切な時期に対案を提示すること。

何が基本か

地方裁判所長が新任裁判官の着任式で、「諸君はこれからいろんな事を学ぶことになるが、基本を大切にするように」と話されました。私もその着任式に列席していたのですが、後に、新任裁判官の一人から「基本を大切にということは分かるのですが、何が基本かが分からないのです」との感想を聞きました。所長は「基本を大切に」とは言われましたが、基本とは何か、何が基本かという説明はされなかったのです。

基本とは「物事がそれに基づいて成り立つような根本」と定義されます（広辞苑）。抽象的な定義ではこうなりますが、その具体像を、料理について考えてみますと、料理一般の基本というものもあれば、料理の素材についての基本、包丁さばき等の料理法の基本、器や盛りつけの基本等々いろんなものがあるように見えます。そして、初心者がいろんな事を学んでいく過程で、事柄の重要度、応用の多数等から、なんとなく基本らしいという予想のつくことはあるでしょうが、そのうちのどれが基本であり、どれが基本でないということを最初から見極めることも、基本の真の姿やその意味を知ることも困難だと思います。裁判の基本が何かについては、裁判を料理にたとえることがあるとは言っても、裁判そのものには料理のような具体性がありませんから、その基本をはっきり認識することには一層の困難が伴います。

＊　　　　＊

私は長年、朝のテレビ体操（教育テレビ）をしていますが、「みんなの体操」の中の最後に「腕を交互に前後に振り、足を上下に屈伸させながら横にリズミカルに移動する」という体操があります。言葉で書くと複雑になりますが、やってみると人間の自然の動きのままに簡単にできる運動です。それで私は長年、自然のままに運動してきたのですが、最近「腕振りの際に前へ大きく、後ろに小さく振ること」をテレビで教わりました。何も教わらなければ、腕の前後への振りを、歩く時とか、走る時と同じように、前後ほぼ同じ振幅にするのが自然ですから、私もそのようにしていましたが、新しく教わったやり方で、前へ大きく、後ろへ小さく振るようにすると、リズムがよくなってスムーズに体が動き、運動幅も大きくなり、運動効果が上がることが分かりました。これはこの運動の基本というべき動きだと言えるのでしょう。

このことから、基本は、当該の知識を得、実践を繰り返していても、何が基本かを掴むことができないでいる事の多いことが分かります。勿論自分だけの勉強・修練と実践により、意識しないまでも会得している基本はあると思いますが、意識していないだけに言葉でその基本を現すことができません。すると基本として定着しませんし、そこに我流が入り込む危険もあります。先達の教示が有用である所以です。

しかしまた、天才が会得している基本も通常人には役に立たないおそれがあります。野球における不朽の天才長嶋茂雄が天衣無縫で前人未踏の活躍をした背景には、多数の基本があったと思われるのですが、その核心部分は言葉としては当人も客観的に表現できないか、表現できても通常人には実行しにくいものがあっただろうと想像できます。長嶋が「このようにさっと振れば良いのだよ」と素振りをしてみせても、習っている人がその道のプロなのにそのコツが分からないことがあると聞いたことがあります。やはり基本という以上、客観的に伝えられ、実行可能のものでなければなりません。指導者には、天才よりも努力の人の方が適している所以です。

モーツァルトが大天才であることに異論をみませんが、神ともたたえられるほどの天才であっただけに、弟子がいなかったわけではありませんが、その後に業績を残すような弟子は育たなかったようです。モーツァルト楽派といった潮流もできなかったし、モーツァルトの再来と言われるような作曲家も出なかったのではないでしょうか。モーツァルトの天才性は音楽のいろんな局面に現れていますが、その一つが、その場面や人を表現しつくしながら、単純なのに美しい限りのメロディーを湧き出でるように作る能力です。そしてモーツァルトは、作曲で教えることは多いが、メロディーを作る方法を教えることはできない、と言っていました。

*　*

どんな世界にも、教えて伝えられるものがある反面、盗む以外にないものもありますし、長嶋やモーツァルトの例のように、盗むことの難しいものや盗むことすら出来ないものもあります。しかしそれでも、かなりの部分は個人の努力でなんとかなるものです。このことが、「盗む」ことと「努力」して身につけるという意識の大切なことを教えてくれます。

先達の教示は有用で大切ですが、基本だと明示的に教えられても、教えられた方で心の底から納得しない限り身につくものではありません。また、教える方でいちいち、これは基本でこれは基本ではないと区別して教えてくれるものでもありません。本当のところは、学ぶ人が、基本が大切だという自覚をもって学びながら、「何が基本か」ということを常に意識していることではないでしょうか。

その際、学ぶ人が、当の仕事の意義、重要性を心の底から分かっていることが何よりも大切です。そうするとその仕事に従事することについての誇りとそれへの憧れを持つことになり、おのずからその仕事を十全にやり遂げようという強いこころざしが生じます。こうなりますと、学び方や実践に身が入りますし、ねばりができ、事柄の意味合いや位置付けも分かるようになり、基本の姿が歴然と浮かび上がってくるのです。

ですから、裁判所長が新任の裁判官に、基本の大切さを指摘されただけで、何が基本か、ということについて言及されなかったことも、その話を聞いた新任の裁判官が何が基本かが分からないという疑問を持ったことももっともなのです。大切なのは、初心者が、基本ということの大切さが分かった上で、何が基本かが分からないという疑問を持ちながら、誇りと憧れとこころざしをもって積極的に学んでいくことだと言えるでしょう。

あれから三〇年近くたちます。件の新任裁判官も「何が基本か」という問題意識を持ち続け、こころざしを持って精進することによって立派な裁判官に成長していることでしょう。

清く、正しく、美しく

　裁判の生命は公正で正しいことです。司法がこれを保証し実現する条件を、皇位の標識である三種の神器に習って三つあげてみますと、私見では次のようになります。

清廉・廉潔――最高裁長官の訓辞なんかにも大切なこととしてよく出てくるのがこの言葉です。いずれも「心が清くて私欲がなく行いが正しいこと」という意味です。「清」とか「潔」というのは耳で聞いても目で見ても意味が分かるのですが、「廉」という字は「廉価販売」の「廉」ですから、漢字ではむしろ「やすい」という意味にとらえてしまいます。裁判官は清貧でなければならないから、その「貧」が「廉」になったのかなと若い頃には思ったこともあるのですが、実はそういうことではなく、「廉」という字そのものが「清く行いが正しい」という意味なのです。ですから「清廉・廉潔」というのは、同じような意味の漢字が並んでいるものなのです。そうはいっても今でも私は、清廉という文字を見るとつい清貧を連想してしまうのですが。

「清廉・廉潔」は、裁判の公正に直接関係するというより、その背骨を支えるもので、これを大切にしてきた司法部の伝統は徳川時代に遡ることができます。もっとも徳川時代には三権分立ではなく、大岡越前守らの奉行は行政とともに裁判もしていたのですが、裁判を担当している武士は廉潔でなければならないとされていましたし、人民の間でも当然のことと期待されていた徳目だったのです。現在の司法部で賄賂や贈物の授受がないことは当然として、廉潔の実際は、終戦直後闇米は口にしないと拒んで餓死された山口判事の例に顕著に現れています。この例を挙げると窮屈感を覚える向きもあるでしょうが、その中に住んでみると別に窮屈というほどのことはなく、むしろ清潔感、清涼感があって気持が良いものです。

＊　　＊

志・おおやけ心――裁判官は、執務に際して公正で正しい裁判を実践するという強い意志を持っていなければなりません。それは当事者に対する責務ですが、それだけではなく、常に正しい裁判をして裁判の信頼を保持し続けることが裁判の生命であるという信念、志を持つという面も大切です。そういう強い、持続する志があって始めて、どのような困難にもめげることなく裁判の理想を実現することができるのです。

この志やおおやけ心をもって仕事をすると、裁判官に一種の強さ、したたかさをもたらしますし、難事件にもたじろぐことがなくなるとともに、どんな小さな事件にも、大きな事件や重要な事件と同じような気持で臨むことができます。手抜きや逃げの姿勢が排除され、積極的ではあるが、気負いのない、静かな使命感のもとに、裁判を遂行できることになります。

＊　　＊

バランス感覚――裁判の手続や内容で何が大切かを一言でいいますと、バランス感覚ということになります。均衡のとれた総合的な判断能力が大切だということです。リーガルマインドともいわれます。

証拠の評価、事実認定、法律判断のどれをとっても、バランス感覚で裏打ちされていることが大切です。訴訟の進行の仕方、速度などでもバランスが大切です。裁判の過程や内容の全般にわたってバランスがとれていると、当事者や世間も自然に受け入れ、納得します。これを正義感といった言葉で説明することもできますが、それより広く、正義感もバランス感覚の一つの発露であると受け止めた方が、気負いのない裁判ができるように思っています。むしろ問題はこういうバランス感覚をどのようにして涵養すればよいかにあります。

＊　　　＊

廉潔は「清く」であり、志は、正しさを目指すものですから「正しく」であり、バランスは、その極致は美ですから「美しく」となります。つまり、「清く、正しく、美しく」となり、これでは創始者小林一三が宝塚歌劇に残した遺訓と同じです。

司法における三種の神器が、宝塚歌劇のモットーと同じであるというと、裁判官は意外に思うでしょうか。或いは国民の期待を裏切ることになるでしょうか。

しかし司法部には、なんらかの物理的な力はありませんし、財力や許認可にものをいわせるところでもありません。天下りはないし、誰かが顔を利かすということもありません。常に公正な姿勢で正しい裁判をすることのみによって、国民の負託に応え続けること、そうして国民から信頼されることが「力」の源泉なのです。まさに「ペンは剣よりも強し」を地でいくべきところなのです。このように考えると「清く、正しく、美しく」というモットーは司法部にこそふさわしいといえるではありませんか。

司法部の三種の神器に「清」「正」を入れることに疑問はないと思いますが、「美」については、司法の場合は外面的な美を対象とするものではありませんから、その内容について多少の説明が要るかもしれません。この点については、川端康成がノーベル賞の受賞記念講演「美しい日本の私」で、和歌に表れた雪月花の美をうたいあげ、日本では、こうした美の感動が人一般に対するなつかしいおもいやりを強く誘い出してきた、と説いたことが思い出されます。また日本社会は室町時代以来、美にまつわる伝統文化（連歌、茶の湯、生け花、俳諧等）の中で、領地と身分により縦にも横にも固く区画された社会を越えて自在に往来できる礼節や規律を育て上げてきたこと、人々も士農工商おしなべてこの礼節や規律のもとに相互交流をしていたことを指摘し、このように何処でも誰にでも通じる礼節や規律が日本中に確立していたからこそ、封建社会があの激変であった明治維新をスムーズに通り抜けて自然に現在の国民国家につながったのだと、歴史社会学の立場から説明する池上英子『美と礼節の絆』（NTT出版、二〇〇五年）が参考になります。日本は昔、西と東では別の国のようだといわれながら、それにもかかわらずひとつの国として存続してきた背景に、民族の美意識に基づく文化的求心力が重要な要素として働いていたと説明する高階秀爾『本の遠近法』（新書館、二〇〇六年）も同じ立場といえるでしょう。こうしたことが日本の法文化を裏打ちしていますから、司法作用でも実は、美の伝統と通底することによって国民の琴線に触れた裁判の進め方や判断は、人情の機微にかなうものとして、説得力や普遍性を持つことができるのです。

民事判決は敗訴者を名宛人として書くのがよい

一　文章の名宛人

日記など自分用の記録はともかくとして、一般の文章は、誰かその文章を読んで貰う人を対象として書くのが普通です。明確な名宛人がある手紙の場合は、対象がはっきりしています。手紙の中でも、恋文は、対象者がいきいきと特定され、ほとんどその人に向かって語るがごとく書かれるものです。おのずから「恋文が一番純粋な詩」（三好達治）と言われるように、意思が最大もらさず、きめこまやかに伝えられることになります。

随筆や、小説には、手紙のような名宛人はありませんが、これを読んでくれる読者層は具体的に想定されているものでして、この点があいまいですとしまりのないものになるのです。例えばこの文章を読んでくださる人がどういう人かといいますと、弁護士事務所の広報誌ですから、事業者、企業の法務関係者或いは裁判や弁護士業務に関心のある方々ということになるでしょう。ですから、その方々、つまりある程度法律になじんでいる方を念頭において私はこの文章を書くことになります。

二　民事判決の名宛人

民事裁判における判決の名宛人は誰なのでしょう。判決の機能を考えますと、①事件の当事者やその代理人、②上訴されることを考えて上級審裁判官、③裁判を監視する人や関心を持つ人としての国民一般、④判決が持っている既判力や執行力といった機能を明確にしておくという意味で、或いは資料として残しておくという意味で今後生じてくるはずの利害関係者や未来の国民一般が対象者だということができそうです。

しかし、こんなに多くの対象者を想定しますと、対象者があいまいになる運命が待ち受けることでしょう。すべての対象者を満足させるために正確を期しますと、複雑になりますし、無味乾燥なものとなり、結局誰も満足しない文章になってしまうでしょう。

悪文の代表例として判決文がいつも取り上げられるのも故なしとしません。

三　敗訴者宛ての判決が、国民の裁判に対する信頼を獲得する近道である

私は、民事判決は、敗訴者宛に書くのがよいと思っています。或いは、敗訴者を説得する気持ちで書く、といってもよいでしょう。

しかし民事判決の理由は、結論を導くためのものですから、結果として勝訴者のための理由に重点がおかれがちになるのです。

ところで、判決の生命は正しいことにあるということは、言うまでもありませんが、判決が言い渡された直後に「不当判決」という垂れ幕が掲げられることがあることから分かりますように、判決自らが、その判決の正しさを論証し、万人を説得することができるものではありません。

むしろ、「裁判の正しさとは、裁判に対する国民の信頼にある」というドイツの法哲学者の言葉にありますように、国民から信頼されない裁判は、最終的には正当性を獲得できないのです。密室裁判があったとして、それが客観的にいかに正しい結論を出していても、その正しさは国民に受け入れられないことからも、この法哲学者の言が正しいことが分かるのです。外形的に不公平な裁判も同じ運命をたどるでしょう。

民事裁判で勝訴した者は、判決を子細に読むまでもなく、その結論だけで納得するものです。しかし、敗訴者は、その結論に納得はしないでしょうが、判決を読んで、敗訴者が強調した事柄を十分に検討をした上で、それでもなお敗訴させられたということが分かれば、「仕方がないか」と納得することにもなるでしょう。少なくとも、敗訴者が強調したことにろくに挨拶もしない判決には絶対に納得しないでしょう。鵜の目鷹の目で判決を読むのは敗訴者なのです。

勝訴者にしても、敗訴者の主張に対する応答が十分でなく、これでは敗訴者は納得せず上訴するだろうなと思う判決は、いらざる上訴を招く点で、迷惑でもあるのです。

要するに、民事判決は敗訴者宛に書くようにすれば、両当事者の納得が得られ、遠いかもしれないけれども必然の結果として、裁判に対する国民の信頼を得られることになる、というのが私の考えなのです。

四　敗訴者宛ての判決は、誤判からも遠ざかるはずである

また、敗訴者宛の判決がきちっと書かれていれば、それはその判決が誤判でないことの有力な保証になることでしょう。「盗人にも三分の理」という諺がありますが、盗人のような者にもこれだけの理があるというのですから、民事の事件ならば、敗訴者に四九%の理があってもおかしくありません。五〇%以上の理がある場合だってありえます。敗訴者宛の判決ではそれでもなお、敗訴せざるをえないことをきちっと説明することになるはずですから、その説明ができているということは、その判決の結論に間違いがないことを保証することになると思うのです。

公平、気力、頓智

「公平、気力、頓智」は、私が尊敬し、遠く密かに師事していた先輩裁判官から「民事裁判の要諦（肝心かなめのこと）」として直接教えられたことです。そのころ私も裁判官として経験を積んでいましたから、この言葉が大切なことを要約したものとすぐに納得し身にしみたことを覚えています。それで私の責任において少し説明します。

最初の「公平」は、裁判である以上当然のことで、民事訴訟法の理念でもあり、公平実現のための規定は数限りなくあります。そもそも公開の法廷で、当事者立ち会いのもとに開かれる弁論そのものが「公平」実現の第一歩ですし、当事者は証拠調べに立ち会って証人を尋問することが保証されていることでも「公平」が守られています。しかし、法の規定を守っていればそれでよいということにはならず、法が規定するところを守るに留まらず、規定のない事柄でも、公平を旨として訴訟運営に当たらなければなりません。それも形式的公平と実質的公平を実現しなければなりません。例えば、発言、発問の機会も時間も形式的かつ実質的に平等に与えられるように、訴訟の運営をしなければなりません。その際「機会」は双方同じでなければなりませんが、用いる「時間」が双方同じということは場合によってはむしろ不公平を生じることがあります。一方が言うべき内容と他方が言うべき内容には立場の相違からくる違いがあり、一方は簡単に言い尽くせるが、他方はどうしても時間がかかるということがあるからです。おのずからそれぞれが用いる時間に差を設けざるをえませんが、その差についても不公平感が生じないように運営する必要があります。それは双方が相手の立場を理解することによって解決できることですが、対立の激しい訴訟ではそれが困難なことがあり、手続を主宰する裁判官の力量と配慮がものを言います。

どんな状況下でも公平を第一義にすることが裁判の生命線なのです。しかしそれは、「公平、公平」と意識しているだけでは不十分で、第三者の目にも「公平らしく見える」必要がありますし、根本では「あの人は公平な人だ」と人に感じさせるものであってほしいと思います。信頼を呼ぶ最善の妙薬になることでしょう。それは教養に裏打ちされたやさしさや正義感からにじみ出るものではないでしょうか。

＊　＊

「気力」については、当然のことながら、訴訟法にはなんの規定もありません。しかし訴訟事件は、法の規定に従って自動的に推移して終結し、自然に判決が出来上がるというようなものではありません。紛争そのものが対立しているエネルギーのかたまりです。台風もエネルギーのかたまりですが、このエネルギーは、その発生から終末まで自然にほぼ似たような経過をたどります。そのようになるのは、地球の自転とかなんとかの別のエネルギーが台風に影響を及ぼすからです。訴訟というエネルギーの場合も、これを運営し、望ましい方向に誘い、終結に至らせるには、影響力のある相応のエネルギーがなければなりません。そのエネルギーを産み出す根源が気力なのです。

これらの気力は、裁判官としてのこころざしと見識の高さからにじみ出るものが望ましく、そういう気力は長続きしますし、訴訟の場に充溢して説得力を導くように思います。また気力は、筋力がそうであるように、適切に鍛え続けることが肝要です。訴訟のフィールドでこそ鍛えられるのだという意識を持つことも必要です。訴訟に望ましい気力でなければならないからです。こうしたことと離れた、むやみな気力、裸の気力は長続きせず、無駄が多く、またかえって対立を助長させるおそれすらあるのです。

*　　　　　　*

残る「頓智」についても法に規定はありません。頓智というと「一休さん」の頓智を思いがちですが、機に応じて働く知恵のことで、機知とも言います。当意即妙の才、思いがけない視点からタイミングよく適切な指摘ができる才です。

訴訟では当事者双方が対立しています。裁判官には当事者と対立する原因はありませんが、当事者の方で裁判官に対し警戒心や反発心を秘めていることがあります。かくして訴訟という事業を仲の良くない三者が一緒に遂行することになります。訴訟法に従っていれば訴訟は進行するのですが、事業遂行者の間に敵対心や不信感がみなぎっていては、より効率のよい、真実をうがつ、これ以上ない解決に近づくことはできません。

敵対心や不信感を根本から無くすことは不可能でも、何かのきっかけで一時的休戦ができないものでもありません。例えば裁判官のユーモアや機転のきいたタイミングのよい発言がきっかけになって、敵対している者同士が、ふっと我に返って客観的になることのできる一瞬があります。そういう時には意固地さが消え視野が広くなっていますから、そういう機会を捕まえて、知恵のある提案をすると、案外すんなりと双方の納得が得られることがあります。いわば一時的休戦が実現したことになります。

訴訟は、事件毎の特性に応じた法廷慣行のもとに運営されるものです。そして大部分は、通常の法廷慣行で目的を達することができますが、特異な大事件、難事件になると、事件に応じたあつらえの法廷慣行をつくらなければならないときがあります。法廷慣行をつくること自体が闘争の目的になる場合すらあります。こういう場合に先ほどの一時的休戦状態を通じて問題を解決し、その一時的休戦状態を永続させることができると、訴訟は無駄なく進行するもので、「まさかこの事件で和解ができるとは思わなかった」と双方の当事者自身がびっくりするような和解ができることすらあるのです。

このユーモアや機転や知恵がにじみ出る土壌が頓智です。それは訴訟法を勉強していれば出てくるというものではなく、豊かな訴訟経験が必要であり、その背後に幅広い人生経験や深い教養がなければならないのだと思います。

こうしてみると、「公平」も「気力」も「頓智」も結局のところ、こころざしや教養と無縁のものではないことが分かります。そう言えば、私淑していた上記の先達は、深い教養の持ち主で、じゅんじゅんと説くことのできるもの静かな人でしたが、底知れない気力を秘めておられ、難事件を見事に解決されていますし、多くの指導的裁判を残しておられ、民事裁判文化に多大の貢献をされた方でありました。

和解に現れる教養と法曹

原告代理人も、被告代理人も共に訴訟当初は、この訴訟事件で裁判上の和解が成立することは万が一つもあるまいと思っていたのに、和解ができることがあります。どんな場合でしょうか。

この事件にはいろいろ障害があって和解の見込みは皆無だったのですが、客観的には和解が望ましいと思われる場合であるとすると、裁判長Aはやはり和解を奨めることが多いでしょう。そして裁判長A、原告代理人B、被告代理人Cに教養と熱意があれば、和解は成立する（以下和解の成否に関しては、「する」で文意が終わっていても、人為のこと故「することが多い」と読んでいただいた方が正確です。文意通りの確度にするには、ABC、特にAの教養と熱意が大切です）と思っています。そして和解が成立したことに、当初は反対していた当事者本人も含めて歓迎するのが普通です。

＊　＊

ここで教養などという異質に見えかねないものを持ち出すことに意外性があるかもしれませんから、説明しておきますと、どんな職業人でも教養の有る無しで仕事面や対人接触面等で意外な違いが出るもので、その全貌を明らかにすることは有益なのですが、このエッセイでは紙幅の関係で、簡単に概要を書いておきますと、教養のある人は、教養のお陰で視野が広く、深く、判断の幅が広く、深く、柔軟です。かたくなではありません。知識が豊かで、言葉力があり、聞く力があり、説得力があります。事に臨んで挙措（きょそ）があざやかで、柔軟だから、「君子は豹変す」の一面があります。等々。キリがありませんからやめにします。以下に必要な限度で記載します。

客観的には和解に適した事件なのに和解ができない事件であれば、当事者本人同士の対立は激しく、おのずからＢ、Ｃの対立も激しいと思われます。それがひいては、Ａの訴訟指揮に対する反発を招くこともありえます。しかしそうであっても、教養のあるＡには、広く深い視野があり総合的判断力があり、熱意があるから、真に正しい解決策をやわらかな接触面でもって自然に提示でき、説得力があります。Ｂ、Ｃにも教養があるから、真の理解力があり、Ａの指摘を冷静に深く理解し、また現在のこと将来のことを含め幅広い展望が見えます。熱意と信用があって、説得力、実行力があるから、当事者本人をも納得させ、適切な提案を出せます。ここでＡＢＣの三者による弁証法的対話による和解交渉が始まります。もう和解の拒絶は話題になりませんが、拒絶すれすれの交渉が続きます。もう原告本人と被告本人の関係の悪さなどは話題にも上がりません。それは対話であって討議ではありません。法曹にとって緊張はあるが、歓迎すべき曲面です。そうして和解成立の運びになるのです。このように教養は法曹にとってレールと運動エネルギーを与えてくれるのです。法曹には教養が必要である、と言われる所以です。

＊　　＊

詳述すると、法律を勉強して法曹になったということは、例えて言えば、電車の車両を作り上げたようなもので、法律の知識も体系も典型的な事柄には答えを与えてくれるが、ちょっと複雑なことになると（そして、事件の大半はそういうものです）、答えを与えてくれません。法的素養に加えて、教養が答えを与えてくれるのです。いわば教養が正しいレールを敷き、電車車両を走らせる電気エネルギーを与えてくれる要です。法曹には教養が必要であると修養時代には耳にタコができるくらい言われるのはそのためなのです。とにかく正しいレールが敷かれなければなりません。それも実は一本という数学的発想ではだめで、何本もありえます。その中からこの場面に最もふさわしい線を選ばなければなりませんが、それを選ぶのも法的素養に加えて教養なのです。判決では必ずしも最もふさわしい解決線を選ぶことはできません。これを選べるのは和解です。ですから和解が歓迎されるのです。

本論に戻りますが、その際、和解の動機又は理念が重要です。これはAから提示されなければなりません。

なお、この際当面の紛争に留まらない紛争事を解決することや何か別のものを作り出すことも、智恵あるＡＢＣのことですから、出来ないことではありません。これをウイン・ウインの和解と言い、歓迎されます。これは概ねAから提案されるべきもので、実は和解の動機として提案されることも、ままあるものです。これもAの教養のなせる技です。

＊　＊

運営に困難を極める訴訟例として知られる東京地裁スモン薬害訴訟の和解をまとめられたK裁判長から和解の動機として直接聞いたところでは、「審理をする程に製薬会社と国に責任のあることが分かった。原告らは薬害に起因する症状で家族の介護を受ける立場だが、最初はやさしく介護されていたのに、審理が長引いている最近では、邪険に扱われている例がある。このまま審理をしても救済が遅れ、判決によって利を得るのは邪険にした家族になる可能性が高い。原告本人を救ってあげなければならないから、和解を望む原告には和解をしたい」というにあったそうです。この論理は、被告である製薬会社、国にインパクトを与えたことと思います。しかもこの和解には訴訟に加わっていない患者に対する和解策まで講じられているのです。これこそ、先程述べたウイン・ウインの和解例の一種です。後続の患者が訴え出れば、被告がその和解調書謄本を提出し、新原告が納得し、治療診断書と投薬証明を提出するだけで、和解が成立します。私は後続訴訟を担当したことがありますが、その至れり尽くせりの配慮に感動しました。なおK裁判長は類い稀な教養人で、静かな闘志を秘めた、穏やかな方で、民事裁判に大きな足跡を残されています。

司法の清廉とノーベル賞

日本でノーベル賞受賞者が多く出る理由について、数学者の藤原正彦博士はこのように言います。

「近年の日本人の受賞ラッシュの理由は伊勢神宮に来れば自ずと納得できるはず」

「芸術や自然科学分野の天才を生むための必要条件」として「美しい自然、神や自然に跪く心得、精神性を尊ぶ風土」の三要素がある。

「南インドのクンバコナムという小さな町の周辺からは、高卒の天才数学者・ラマヌジャンのほか物理学のチャンドラセカール、ラマンと二人の高名なノーベル賞受賞者が輩出している。このあたりは、美しく壮麗な寺院が林立している上、インドの他地域に比べてバラモン（僧侶・司祭）の人口比率が高い。まさに天才が生まれるのにふさわしい土地だった」

「日本はこれらの条件を十分満たしている。今も全国致るところに神社があり、境内は森で囲まれ、美しい自然が保たれている。そこで日本人は、神々や自然に跪くという謙譲の心を失うことなく、ずっと祈りを捧げてきた。その源流が、ここ伊勢神宮といえる。だから日本にノーベル賞受賞者が多いのだ」

そして伊勢神宮では二〇年に一度式年遷宮をする。

「われわれの祖先は、この尊い伝統を一三〇〇年以上受け継いできた。その愚直さが美しい。日本人として誇らしく思います」(「週刊新潮」二〇一五年一一月一九日号のグラビア)

＊　＊

藤原博士は数学者ですが、三要素がノーベル賞の必要条件である事の証明をしていません。しかし、風光明媚とかいろんな要素を備えた一地方から多数の科学者が輩出していることを疫学的証明の根拠として挙げています。また三要素は科学者が神的な、極めて高い境地で発見或は発明に至る素地環境を与えるであろうことも理解できます。要するに、両者の間で何がどうなってこうなるといった因果関係こそ分かりませんが、両者の間には何か濃密な因果の関係がありそうだということはよく分かります。これはいわば文学的納得といってもよいのかもしれません。

＊　＊

日本の司法の清廉性は定評があり、その純度も高いと言ってよいでしょう。もともと裁判は先入観なしに公平な立場ですべきものですから、裁判がまず清廉でなければならないのは性質上当然のことなのです。しかしここで論を終えてしまってはいけないのです。なぜそうしたものを身に付けたか、維持してきたのか、清廉度にも程度があり日本の司法の清廉度の程度は高いがそれは何故なのか等について考えてみる必要があります。なぜかと言いますと、世界を見渡すと、どことは言いませんが、日常に司法にも汚職がある、程度もひどいと言われる国が少なくない現実があるからです。

そういう国の司法官が日本に来て日本の司法には汚職が全くないと聞き、驚くだけではなく、信じられない、ありえないと反応し、綺麗事を言っているのだろうと納得しているのを見て、こちらがびっくりするのが実情と言うと、皆さんはびっくり仰天されることでしょう。

裁判が公開されている、いないにかかわらず、裁判を続けている以上、その在り様は国民に見えてくるものです。その国民が清廉を貴び司法に清廉を期待するとすれば、そしてその期待が正しい以上、もともと清廉を尊ぶべき性質を持つ司法がその期待に応え清廉の純度を維持し上げ続けるのは自然です。汚職が入りこむ余地は金輪際ありません。そういう社会では賄賂を申し出る人もいないはずです。かくして司法は自らの理念と国民の求めに囲まれて清廉性を身につけ、維持し、確固たるものにするはずです。

＊　＊

日本の現在の司法制度は、明治期に始まりますが、清廉性はそれ以前、つまり徳川時代の司法にもみられたのです。

日本人の清潔好きや秩序を重んじる気風は室町時代や徳川時代に日本を見聞した外国人が証言するところです。

平成二六年六月にブラジルで行われたサッカーのワールドカップで、日本のサポーターがゴミ袋を持参して、試合終了後全員でゴミ集めをしたことが世界に驚きと感銘を与えました。これは突発的な思い付きなどではなく、日本での習慣なのだそうです。またいろいろな災害のときに略奪が一切起こらなかったことも、いつも外国から称賛されますが、これらのことは日本人の規律と清潔を重んじる気質を表します。

もと、アメリカ人だったが、このほど日本に帰化した文学者ドナルド・キーン博士は、日本人の特徴として、曖昧さ、儚さへの共感、礼儀正しい、清潔、よく働くを挙げています。そうすると、そういう気風を日本人は古くから持っていたものと思われます。日本が藤原博士のいう三要素を持っていることは明らかですから、日本人が古来清廉を貴ぶ気質を持っていたこと、つまり日本人の清廉性の淵源はノーベル賞に関して藤原博士が指摘するところと同じだと納得でき、日本の司法がノーベル賞と同じ土壌に立っていることを誇る気持になるのです。

裁判官四〇年の間私は一度たりとも担当している裁判の関係者から何らかの贈り物を貰ったことはなく、その申し出を受けたこともありません。これは日本国民の清廉性を考えると当然です。当事者の代理人である弁護士が裁判官の清廉性を当然とし、依頼者を指導する場面もあったかもしれません。その意味では裁判官は、裁判官を取り巻く弁護士集団に守られているともいえるのです。

今日本は発展途上国に近代的法文化を定着させる援助をしていますが、司法の清廉性は国民性と密接に関連しますから、この面の輸出は困難を極めることと思われます。

第二章　小説の出来上がり方と判決の出来上がり方

小説の出来上がり方と判決の出来上がり方

前回のエッセイ（(注) 第三章一〇二頁「読売文学賞と私」）で、小川洋子の『博士の愛した数式』（新潮社、二〇〇三年）が読売文学賞を受賞したことに触れましたが、この本は、その後書店大賞も受賞しました。書店員が客にどの本を勧めたいかという観点から投票したところ、一位になったというのです。

それほどに皆から優れた本と認められたということですが、小川洋子は最近ＮＨＫ放送でこの本に触れて、おおよそこんなことを語っていました。

「小説は、作者があらかじめ頭で書いたストーリーを追いかけて書くものではなく、考えた人物が自然に動くのを待って、それを追い、その動きなどを一所懸命に観察して書き写していくことで、ストーリーが出来上がっていくものです。ですから、小説がどのように発展するのか分からないもので、作者は不安一杯で展開を待っているのです。こうして出来た物語が本当のもので、頭の中で考えた筋を追っていては本当の物語はできません」

このようにして出来上がった小説は、まさに本当のこと、つまり真実を描いているものになるのだと思います。前々回のエッセイで「文学は実学である」（(注) 第三章九〇頁）と書いたのですが、虚構に見えそうな小説がなぜ真実を書いていることになるのかを物語るものだといえましょう。

＊　＊

この話を聞きまして、実は民事判決も同じような操作で書いていたな、と思い出しました。というのは、民事裁判では、当然のこととして原告、被告の言い分は異なっていますので、証拠調べをして、真実の姿はどのようなものかを掴みます。難しくは「心証を形成する」などと言いますが、要するに、当該の人物や場面が実際にどのような動きをしたのかが見えるようにするのです。

そこで判決書ですが、その見えている世界をただ描写すればよいのです。場面は走馬燈のようにすばやく展開しますから、手早く写しとらなければなりません。時には文章になって見えることもあります。これまた手早く写しとらなければせっかく浮かんだ文章が消えてしまいます。ですから草稿は、自分が見ても何が書いてあるか分からないような乱雑な字の羅列になるのが普通です。しかし、後にその原稿をタイピストに分かるように校正すればそれだけで判決になるようなものができていたものでした。もちろん、ある事柄を描写するのに、人に最も分かりやすいようにするためにどうすればよいかの工夫はしなければなりません。そのためにはどのような方向から描写するか、行動や場面にどのような方向からどの程度の強さの光りを当てれば鮮明になるか、どこかに補助線を書き込むとよりはっきりするのではないか、といった工夫を瞬時にしながら描写をしていくことになります。

こういうことですから、判決を書き出すと仕上がりは意外に早いものなのです。これに反して文章を絞り出すようにして書いていくというやり方を採りますと、絞り出すのに力が要りますし、作業は途切れがちになることでしょう。

＊　＊

映画「寅さん」の撮影現場に行き会ったことがあります。志摩の真珠店でのロケーションでしたが、ワンカットが終わって山田監督がじっと考え始めて全く動きがなくなったのです。監督のこうした考え込みには出演者やスタッフも慣れているようで、当然のことのように皆黙ってたたずんでいましたが、見物人はたまりません。いくら「寅さん」でも、いつ撮影が再開されるのか分かりませんから三々五々と立ち去っていき、私も立ち去ったのでしたが、今思うと山田監督は、小川洋子の言うように、実像がみえてくるのをじっと待っていたに違いありません。「寅さん」シリーズがあれほど私達の心をとらえ続けたのは、この映画がこうした実像の集大成であることに秘密があるのではないでしょうか。

実像が見えても、それを正確に写すという作業が大切です。これに関しまして彫刻を美術品専門のカメラマンが写すところに立ち会ったことがあります。その彫刻を最も適切に写すために、いろんな装置を置き、いろいろ光線の方向と強さを変えては、その都度大判のポラロイドカメラで試写して確認をし、そうした後に本番を撮っていくのです。大変な作業だなと思いました。対象は明確でも、それを正確に写すことには苦労、工夫がいるという例です。

芸術家はなにも無いところから実像を立ち上げるのですから大変ですが、判決は証拠に基づいて実像を把握するのですから、より容易ということになるのかもしれません。ただ判決では的確な証拠がなくて実像を掴みきれないときがままあります。そのときにどうするのかの苦労はあります。そしてこれは、待っていて見えてくるものではありませんし、証拠なくして物を見るということは許されませんから、更なる証拠調べをすることになります。

それでも真実の姿が見えてこないときにどうするか、ということになりますが、こういう時には証明責任分配の法則により、証明責任を負う方の不利に判決することになっています。例えば弁済の主張であれば、弁済の真偽不明のときは、弁済は無かったものとして判決をすることになるのです。

しかし私の記憶では、証明責任で判決の結論を出さなければならなかった例はなかったように思います。

＊　　　　＊

裁判官は無責任である

「裁判官は無責任である」という標題は、刺激的ですが、その意味は、裁判が間違っていても裁判官が責任を問われることはない、ということです。つまり裁判官はそのした裁判について「無責任」なのです。過失があってもそうなのだ、と言いますと、むしろ衝撃的に響きます。

たとえば一審の「原告勝訴」の判決に対し、控訴審が「被告勝訴」の判決をしたとします。主張や証拠が全く同じでも、こういうことは結構あるものです。論理的にはどちらかが正しく、どちらかが間違っていることになるはずです。控訴審は、一審判決を見た上で、それでもその反対の判断をしたのですから、控訴審の判断の方が正しいと思うのが常識的ですし、制度上は控訴審が正しいという扱いを受けることになっていますから、一審裁判官が「間違った」ということになります。

では「間違った裁判をした」一審裁判官は責任を負わなくてもよいのか、ということになりますが、負わなくてもよいのです。一審裁判官に、たとえなんらかの過失があっても、責任を負わないでよいことになっています。それは何故か、それでよいのか、一体どういうことかを説明しなければ「無責任」のそしりを免れません。

＊　　＊

それは裁判というものが、何ものからも独立した裁判官が法律と良心のみに従って自由な心証により判断するものだから、このような扱いにしないと裁判制度そのものが成り立たないことに根本があります。自由な心証から生じた相違のために、その度に責任を取らされることになりますと、裁判官がいなくなってしまいます。自由な心証による判断そのものが困難になるでしょう。そこで憲法や法律は裁判官の独立と身分保障をうたい、また「報酬は、在任中減額することができない」（憲法八〇条二項）という規定までもうけて対処しています。判例上も、裁判に「是正されるべき瑕疵が存在したとしても……国家賠償法一条一項の違法」があるものではなく、裁判の違法を理由として国家賠償の請求をしうるためには「当該裁判官が違法又は不当な目的をもって裁判した」などの特別の事情が必要であるとされています（最高裁判決昭和五七年三月一二日）。

瑕疵のある裁判があっても、国や裁判官個人に責任を問うことはできないのです。

＊　　＊

現代社会は自己責任の世界です。ある決断をするものは、その決断に伴うリスクを負わなければなりませんし、責任があります。企業買収などという超大型の買い物をする場合には、それが失敗ということになりますと、財産上の損害を負うという責任や、もろもろの責任を負うことを当然の前提として、判断者がそういう責任を負うのもやむをえないとの覚悟のもとに決断するものです。ですからその決断に正当性が与えられるのです。

今、無責任問題がかまびすしい大阪市の第三セクターの問題にしても、あれだけ大きな財政支出をする決断であり、その失敗は明らかなのに、責任を取る者がいないところに根本があります。決断の段階で、その決断についての責任を取る仕組みを伴っていないのは不健全ですし、正当性を持ちえません。

＊　＊

では「無責任」な裁判官の判断がなぜ正当性を持ちうるのでしょう。一つは、裁判に間違いがないように憲法や法律が歴史的に積み上げてきた、効果があると実証ずみのいろんな手続を決めていることです。審理は公開の法廷で、当事者の立会のもとで行われなければならないとか、判決は書面にして理由を付さなければならないとか、控訴上告ができるといった、がんじがらめの規則を設けて、裁判に万が一にも間違いがないように監視し、間違いがあっても是正ができるようにしています。二つには、裁判官は、厳格な試験に合格した者に、充実した訓練を施して再度試験をし、その合格者から適任者を選任することにしていますし、任期も一〇年間と限定されています（再任はできます）。

しかし実際は、こうした制度上の担保だけで正当な裁判が確保できるものではありません。なによりも裁判官が個々の裁判を真摯に、適切に行わなければ、制度上の担保は絵に描いた餅になるのです。

そしてこの点に関して、碩学の中村治朗元最高裁判事に、「裁判官の責任なるものは、その独立性の保障のために、これを他動的に追及する方法はなく、もっぱら自己問責と自己反省という自律的方法によってのみ保持されるものであって、その意味で、高度にモラリッシュなものなのである」とし、さらに「このような自己問責以外に責任を追及されることのない権力的地位ほどおそろしいものはない。このおそろしさを感じなくなったとき、その人はもはや裁判官としての適格を失ったものとも言えるのではないか」としています。裁判官は、こうした自覚を持っていることがなによりも大切なのです。

ところで近々裁判員制度が発足します。裁判員も裁判官と同じ立場で裁判に関与するのですから「裁判員も無責任」ということになるのでしょうが、裁判員に資格は要りませんし、裁判員に裁判官に求められるような自覚を広く求めることも現実的ではありません。それやこれやらで、裁判員制度違憲論が出てくるのです。裁判員制度による裁判が国民の真の支持を受けることができるかどうか、注目しなければなりません。

弁護士は事柄を絶対的にではなく、相対的に考えることを旨とする職種である

——なぜ弁護士が役に立つか——

一　医師、公認会計士等の専門家と弁護士の違い

医師、公認会計士、税理士、弁理士或いは建築士などの専門家と弁護士の違いはどこにあるのでしょうか。

医師が医学の世界、公認会計士が会計の世界、そして、弁護士が法律実務の世界というように、それぞれが異なる専門領域における専門家であるということができるのですが、そうした専門領域の違いとは別に、弁護士はここに挙げた多くの専門家とは際だった特徴を持っているのです。

それは、弁護士の相対的思考方法というものだと、私は思っています。

二　弁護士の相対的思考方法とは

弁護士の仕事の中心は、紛争の解決であったり、その予防であったりしますが、紛争という性格上、必ず相手方がいるのです。それは私人であったり、企業であったり、或いは国などの公共団体であったり、その対象はいろいろですが、弁護士には自分側の依頼者の他に、必ず相手方を想定しなければ

なりません。

依頼を受けた問題を解決するのが弁護士の仕事となりますが、常に相手方の存在、その動きなどを考慮しながら、依頼者にとって一番良い解決方法が何かを考えなければなりません。

なんでも訴訟を提起し、判決を得るという選択は、依頼者の利益をむしろ損なうことになるのです。

つまり、弁護士は、いつでも相手方が持っているかもしれない情報や相手方の出方などを計りながら、すなわち、相対的に事柄を推し量りながら、その中から最善の選択をすることを仕事としているのです。

もちろん、この選択をする際に考慮することは沢山あります。第一に本件の事実特有の情報をすばやく獲得しなければなりません。第二に、法律専門家としての知識、経験を駆使して、事柄の正確な位置づけをしなければなりません。そうして、第三に、相手方の持っているであろう情報や予想される相手方の反応について、多角的に検討しなければならないのです。

第一と第二の検討だけで、有無をいわせない断定的結論を出して、これを相手方に押しつけたりしません。そんなことをしたら、紛争が火を噴くことが明らかです。場合によっては、依頼者の提示した事実を念頭に置きはするが、それにとらわれないで、静かに相手方と交渉するのが良いと判断することもありましょう。

三　解決への近道

こうした弁護士の相対的性格は、紛争解決の上で、最善の方策を選択し、かつ実行することになりますから、おのずから解決への近道を与えてくれることになります。

このことは、同じ法律専門家でも、法律学者との決定的な違いです。法学部の学者を一定期間勤めると、法曹資格が与えられることになっています。しかし、私が昔裁判官をしていたときに、何度かこのルートで法曹資格をとった弁護士に接した経験によりますと、相対的思考方法が身についておらず、「絶対的」な訴訟活動をされる傾向があったように思いました。そしてそれは、紛争の解決をより困難にしたものでした。

四　相対的性格と活動領域の拡大

同じように、弁護士以外の上記の専門家は、むしろ絶対的判断を押しつける、というと言葉に語弊がありますが、とにかく真実はこれ、ということを宣言することを任務とするものです。それはむしろ科学者のように、一定の客観的結論を出すのが本来の役割と期待されている専門家です。医師の場合、診断の結果はこれこれ、治療方法はこれこれ（複数であっても、方法が違うだけです）と開示し、患者にどの治療を受けるかの選択を迫ることになります。そういう意味で、妥協はなく、相対的ではないのです。公認会計士ならば、会計基準によればこうなるというように、やはり客観的な結論を提示するところに本務があります。

弁護士のこうした相対的性格が、社会で役に立っていると思うのです。社会が複雑になればなる程、その性格が重要な働きをすることでしょう。

現在の社会の状況をみますと、訴訟の果たす役割は依然大きく、或いは一層大きくなっているともいえるのでして、ここでの弁護士の伝統的役割は従前同様重要と思われるのですが、最近は権利義務の世界とは少し異質な、目的＝手段思考方式や利害の妥協的調整を計ることを求められる世界が重要性を帯びてきているように思われます。後者の世界では、弁護士の相対的思考方法が、法の筋を生かしつつ、調整ができるという意味で、役に立つことでしょう。

編集者としての法曹

二〇一三年の読売文学賞の小説部門で松家仁之著『火山のふもとで』(新潮社、二〇一二年)が受賞しました。選評に「青春についてシニシズムが瀰漫する現代、これはあえて健康なビルドゥンクス・ロマン(成長小説)に挑み、それが可能であることを証した希有の秀作である。云々」(山崎正和)とありました。夏の間浅間山麓の山荘をアトリエとして設計作業をする数名の建築家を中心とする人間模様があざやかで、こまやかに描写される風物、木々、小鳥などと溶け合って、心地よい情趣をかもし出します。印象が清々しく、残るページが少なくなるのを惜しみながら一気に読了したことでした。

話題になったのは、この作品が著者の処女作だということです。処女作が文芸雑誌「新潮」に登載され、続いて単行本として出版され、それが受賞につながったのです。読売文学賞は、すでに作家として定評のある人が著した、とくに優れた作品に与えられるという位置付けがされていて、過去の受賞作が皆そうですから、松家仁之の受賞は異例に属します。大相撲で、アマ横綱が幕下付け出しでデビューした場所で幕内優勝する(取組部門が異なっていてそんなことはありえませんが)ようなものです。

著者の経歴ですが、一九五八年生まれ、新潮社で編集者をしていて、二〇一〇年に退社、作家デビュー作が受賞したのです。

ここで注目されるのが、編集者の仕事です。編集者は、企画をし、執筆を依頼し、作家の相談相手になり、出来上がった原稿の第一読者になって、意見を述べ、場合によっては書き直しを求めたりもし、装幀や発行部数や宣伝を考える、等々です。これらについて成果を上げるためには、広い範囲の勉強を重ね、大きな視野と鋭い感覚を持ち、豊かで多彩な経験をし、著作に関する最高の技法が分かっていなければならないでしょう。編集者は、担当やら交渉やらで多くの作家に長期間接することを職掌としますから、その経験は多彩で深いものになるに違いありません。

それかあらぬか、編集者上がりの作家や評論家は沢山います。それも第一級の人が少なくありません。作家も作品を作る上で編集者を頼りにしますし、実際出来上がった作品の何割が編集者の功績に帰せられるべきかについては、作品にもよりますが、その割合は想像以上に多いもののようです。

つまり、編集者自体が作家としての素地を濃厚に持っている作家予備軍でもあるのです。処女作が「新潮」に登載されること自体が異例ですが、松家仁之の場合は、作家としてアマ横綱的実力があるとみなされたのでしょう。

＊　＊

編集という作業は、対象物の価値を増加させるばかりでなく、新たな価値をも創造します。一例を挙げると、詩文などの撰集であるアンソロジー（詞華集）があります。ある人がいろいろな詩や短歌などを選んで、一つの集まりにしたものをいいます。日本では万葉集、古今和歌集、新古今和歌集等が有名です。このうち新古今和歌集は、後鳥羽上皇の院宣を受けて、定家らが選歌しましたが、選ぶ方針があり、そうしてまとめられたものが新古今調を醸成し、日本の現在に至る美的感覚を規定することになったのです。つまりこのアンソロジーの編集は、決定的な価値の創造につながりました。

編集についての考え方はもっと広めることができます。英文学者でエッセイストの外山滋比古は、本に関する技術、作業としての編集事務とは別に、広く編集の精神といったものがあるとし、こうした編集の機能を考察して英語表記でエディターシップと名付けています（『新エディターシップ』（みすず書房、二〇〇九年））。例えば遠くの間を取り持つ、或いは新しい提案のもとに行う貿易もエディターシップです。日本独自の商社やゼネコンの活動は各種の情報を総合し自己のノウハウのもとにまとめるエディターシップとみなせます。日本では江戸時代から問屋や両替商等編集者的な経済構造が発達していて、エディターシップ的活動を得意としてきました。そうした制度が創造した考え方や価値観が、明治維新の時に封建制度を乗り越えて直に近代化する礎になりました。

＊　＊

法曹の仕事も実は、編集という目線から眺めることができます。弁護士は紛争の仲立ちをする立場であり、紛争の基である現実の経験はしません。弁護士は、依頼者からの訴えを聞いて、紛争を解決するためにある方針を定めて事件を組み立てますが、これはまさに編集することなのです。素材の価値を高めたり、新たな価値を創造できれば、勝訴に近づくことでしょう。裁判官は事件本人や弁護士が持ち込んだ事件を裁判官なりに組み立てますが、それも実は編集なのです。この編集が旨くいくと、良い判決ができるはずですし、それよりも、双方が満足する和解ができるはずです。事件の解決は、判決でも和解でも、一方が得た分だけ他方が失うのが原則です。この得失を足すとサム（合計）がゼロになるからゼロサムといいますが、サムがプラスになる和解もありえます（プラスサムの和解）。このプラス分は編集が生み出した価値で、良い解決として歓迎されるでしょう。

ですから法曹は、編集者としての目線と自覚を持ち、優れた編集者としての能力を涵養し鍛えることが重要だということになります。本の編集者が、幅の広い勉強を継続し、いつも新鮮で広い視野を持っていることが参考となるでしょう。

＊　　＊

小説の成り立ちをみると、沢山の素材や思考や感覚をある方針のもとにまとめたものです。まとめてみると、さらに広がる、或いは深まる世界や貴重な価値が姿を現すことでしょう。そして、これらの総体を適切に表現するための構成や言葉が何かを探らなければなりません。これらについて作家が行っていることは編集作業そのものとみることができるのです。

このようにみると小説家も編集者なのです。ですから、優れた編集者であった人が、たちまちにして激賞に価する小説を書き上げたことに不思議はありません。私は松家仁之がどのような編集者であったかを知りませんが、件の小説を読んで、同氏が極めて優れた編集者であったに違いないと確信しています。

〝聴き合うこと〟の大切さ

兵庫芸術文化センター管弦楽団（PAC）は、阪神・淡路大震災の復興のシンボルとして二〇〇五年一〇月兵庫県西宮市にオープンした兵庫県立芸術文化センターの専属オーケストラです。日本と欧米で行われるオーディションで選ばれた三五歳以下の音楽家で構成されています（外国人比率はおそらく日本一でしょう）。在団期間が三年に限定されているのが特徴で、養成目的を兼ねたプロのオーケストラという性格を持ちます。ですから毎年楽員のほぼ三分の一が交代することになります。音楽監督は、指揮者の佐渡裕です。

三年ごとに三分の一が新人になる、というようなことで、プロのオーケストラが成り立つのか、一六〇年の歴史を誇るウイーン・フィルを始め世界屈指のオーケストラは皆、長い歴史と長い在団期間を前提として存在しているのに、新参のオーケストラが、毎年団員の三分の一を交代させて、プロの技倆が磨かれ、維持できるのかが問われます。

団員個々の技倆は、オーディションの水準を上げることによりクリヤーできますし、実際、団員の技倆水準は高く保たれていると思います（今は世界的に若手音楽家が供給過剰状態にありますから、募集面では恵まれていることでしょう）。問題は、三年という短期間のうちに、オーケストラにふさわしい合奏技術、音楽的感性、表現力を身につけさせることができるかです。

PACでは、真剣勝負である公演を土俵として鍛えることを養成の基本とし、コンサート・マスターやしかるべきセクションには、三年任期でない有数のプレーヤーを置いているほか、毎月三日間行われる定期演奏会には、必ず内外の一流オーケストラのパートトップのプレーヤーを七・八名ゲストとして招聘します。指揮は佐渡裕のほか、内外の一流指揮者が担当しますし、大抵の演奏会に加わる協奏曲の独奏者も世界的一流のプレーヤーばかりです。時には海外の一流オーケストラと合同演奏会をすることもあり、室内楽を重んじ、オペラを年一〇日位上演します。これらのカリキュラムの充実度は感心するに価し、また団員の学ぶ意欲が高く、成果が上がっています。集団が国際的であることもメリットになっているのでしょう。そのためか三年で卒業した団員は内外のオーケストラに招かれていきますし、中にはトップとして招かれている人もいる位です。

* *

企業が栄えていくためには、社員の募集力、教育力、定着力の三つが揃っていなければならず、その一つでも欠けると、その企業は次第に衰える、というのが組織論の基本です。そして、世界の超一流のオーケストラは団員が一体となって、人を極度に陶酔させたり興奮させたり異界に誘うような、信じられないような力を発揮しますが、そのためには、優れた団員が在籍していることは当然として、長年の伝統と訓練がなければならないと言われてきたように思いますし、実例が皆そうなのです。

ところが、ＰＡＣは、このうちの定着力を三年という短い期間に限定しているのです。それは明らかに組織論のセオリーに反しますし、オーケストラの常道にも従いません。ところで宝塚歌劇では、トップは短期間で退団し他の演劇分野で活躍するようになりますが、その跡は新トップがすぐに成長して埋めますから問題がなく、むしろ活性化と人材育成の効果があるようで、ＰＡＣはこれに習ったのかもしれません。そう言えば、芸術文化センターでのＰＡＣや一流どころの演奏会は昼公演を多くして集客の実を上げていますが、これは昼公演ばかりの宝塚大劇場の方式に範を得たものと聞いています。

＊　＊

音楽監督の佐渡裕は「最初は大変でしたね。一年目のことを思い出すと、吐き気がしそうなくらい。メンバーの半分が外国人ですが、当初は彼らが日本で暮らすということにも苦労がありました」と言っています。

そういう初期の状態から、現在のレベルに達したのは、上に述べたカリキュラムの充実があったためでしょうが（ここにも宝塚歌劇の影響が見えます）、佐渡裕は「人間というものはそれぞれが違うことを考えているし、同じ情報を見ても感じることが異なります。そんな中では、互いの音にしっかり耳を傾けなくては、本当のハーモニーは生まれません」と言って、音楽を作る上での〝音を聴き合うこと〟の大切さを説き、ＰＡＣが「こういうオーケストラであるためだからこそ（そのことを）よりはっきり意識することができるのではないか。長く一緒にいることが保証されているオーケストラだと、むしろそれほど注意深く聴けていない可能性があるのではないか」と言って、驚異の成長ぶりの秘密を語っています（PACの二〇一三／二〇一四シーズンのパンフレット）。

＊　＊

いまやPACは、芳醇な〝ぬか床〟と熱気の〝るつぼ〟を作り上げていて、団員を日ならずして熟成させる技を得ているようです。演奏に熱意が現れますから、音楽が生き生きしたものになります。それは心地よいもので、リピーターが多い原因になっているようです。この養成実践は企業その他各方面で参考になると思うのですが、なかでも注意して〝聴き合うこと〟の大切さは、大いに喧伝されてよいのではないでしょうか。政治や裁判の世界は、異なる意見が交錯する世界であり、その中からある調和、つまり音楽でいうハーモニーを生み出そうとするシステムです。調和を生み出すには、まず異なる意見とか感情を「聞く」というより、注意して〝聴き合う〟ことができていなければなりません。なお「聴」とは、まっすぐに耳を向けてききとることを意味します。

「以心伝心」という言葉があるように、日本は相互理解の容易な国のように言われていますが、〝聴き合う〟とは、お互いが注意深く耳を向けることですから、実は実践の難しいことで、意識して〝聴き合う〟ことに努める気持を持っていなければなりません。そして佐渡裕が指摘するように、伝統のあるオーケストラでは〝聴き合うこと〟が日常化していて、むしろそれほど注意深く聴けていない可能性があり、常に〝聴き合う〟必要に迫られているPACの方がより意識化されているということなのかもしれません。

そういえば、「以心伝心」が期待できない国などでは、言うことをより明確に言おうとする傾向があり、それに応じて言語もより明確な構造を持っているものです。そのことでかえって〝聴き合う〟ことに磨きがかかるのかもしれません。

法廷における発声について

歌舞伎の名優の条件に一つに台詞（セリフ）の良いことが上げられます。声が大きく、明晰で、美しく、リズムがよく、声の高さ低さの音程が安定していて張りがあり、聞き易く、芝居に合った音色と抑揚が出せること、重厚味と軽妙味が出せ、時代物、世話物、いわゆる新歌舞伎（明治末、大正、昭和初期にかけて創られたセリフを主とした新劇的な作品。岡本綺堂「修善寺物語」、真山青果「元禄忠臣蔵」等。さすがに「新」というだけあって感覚が新しく、良いものです。歌舞伎になじみのない方はこれから入られるといいと思います）に応じた様々の様式感を持ち、小さい声でもマイク無しで大劇場の隅々まで通ること等々。上げれば切りがありませんが、一言で「口跡（こうせき）がよい」と言います。

口跡のよい名優として名高いのは、五〇年位前に亡くなった市川寿海（一八八六～一九七二）です。大部屋出身（名門出身の御曹子でないこと）で芸術院会員、人間国宝、文化功労者になった大役者です。上記のセリフについての個別項目は実は寿海を思い出しながら、記憶で書いたものです。ピーンと張った、やや高い調子の名セリフはいまだに生の音声として記憶に残っている位で、私が寿海の素晴らしさに目覚めた昭和三五年当時すでに高齢でしたから、今のうちに見ておかねばと追っ掛け的に観劇したものでした。当時まだ若かった六代目歌右衛門とのコンビをよく見ましたが、いずれのセリフもやや高調子で緊張感あふれた舞台でした（名コンビと言われ、一世を風靡しました）。当代で口跡のよい役者を一人と言われれば、片岡仁左衛門を挙げます。先代仁左衛門も大役者とうたわれましたが、口跡に難点があって、声が鼻に抜ける感じがしました。当代にはそれが遺伝せず、まことにすっきりした声音を持っています。地声は柔らかく優しいのに、悪役ともなると、すっかり悪人の声になるし、世話物（江戸時代の庶民話、リアルな現代劇、普通の喋り方）、時代物（江戸時代以前の話、野太い声で形式張った発声をする）にも秀でています。レパートリーが広く、演出力もあるから、恰好の座頭役者です。この程芸術院会員になりました。

＊　　＊

セリフと所作をくらべてどちらが重要かなどと言うのは愚問です。劇場では目が勝つようですが、記憶にはセリフの方が残ります。耳の方が目より情報量や刺激が多いし、印象が強いようです。そういえば、以前には声色（こわいろ）と言って、役者のセリフの物まねをする芸があり、素人でもかくし芸にしている人がいましたが、最近はすたれました。

以前の刑法では耳が聞こえて目の見えない人については刑の減刑を規定していなかったのに、耳の聞こえない人については「刑を減刑す」と規定していました（差別的だとして削除されました）。刑法は目と耳の持つ情報量の差、それが精神の発達に深刻な影響を与えることを知っていたのだと思います。

歌舞伎役者がどういう訓練をしているのか知りませんが、ずいぶんの訓練をしているに違いありません。客席から見て分かるのは、口をはっきり開けていることと腹から声を出していることです。歌舞伎役者の特徴は、公演が始まると演技の時間と期間が長いことです。一日は二部制で午前一一時頃から午後九時頃まで続き、月の内二五日間演技します。それが年のうち何ヶ月続きますか、演技している時間の絶対量は他の世界の演技者とは破格に違うはずです。つまり言いたいことは、あの大きな劇場で毎日毎日マイクを使わず発声練習をしているようなものだということです。発声関係の骨格や筋肉も強靭なものになることでしょう。

＊　＊

法曹の活躍の主舞台は法廷です。今は法曹の活躍の場や活動の仕方が多様になっておりますが、それぞれやはり声を使って情報の発信をすることを欠かせないはずです。

法廷での発声について考えてみると、これは最低でも法廷の隅々まで明瞭明晰に聞こえることか必要でしょう。しかし裁判官、弁護士ともに全ての人がそのように心掛けているようではありません。心掛けているにしても、聞きとりやすい状態でないことがしばしばあります。法廷での発声について訓練をしている気配は感じられません。声の大きさ、音の質、明晰さの度合い、リズム、抑揚、早さ等々。法廷にいるすべての人に聞きとりやすい発声をするという意識がないようです。

或は、法曹教育の場で訓練がされているのか。しかし聞きとりやすい人、聞きとりにくい人がいることは事実で、前者が自然体なのか、努力の結果なのか。しかし裁判の公開にしても、公開の法廷で当事者が相対する対審にしても、これを実質的に保証することは憲法第三二、八二条の要請するところですから、大袈裟に言えば憲法問題にすらなるのです。

日常耳にする音声で例外なく聞きとりやすく感じるのは放送アナウンサーの発声だと思いますが、あの人達は生来のものに加え、かなりしっかりした教育訓練を受けているように思われます。電車の車内放送は出来不出来の差が大きいようです。残念ながら法廷における法曹の発声も似たり寄ったりということです。車内放送と比べて、むしろ放送設備の援助がないぶん、分が悪いかもしれません。

法曹はすべからく発声に関して、歌舞伎役者のように意識しろとまでは言わないが、法廷には不特定多数の聴衆がいるのだし、中には耳の悪い人もいるかもしれないから、その人に声を届かせなければならないという位の意識をもっていてもらいたいものです。

このことで私が心掛けていたのは、口を開けてしゃべること、法廷に入る前に、口の準備体操をすることでした。口を開いたり閉じたり、口を閉じ、口を膨らましたり、へこましたりする、上下のくちびるを交互に左右に動かしたりして、口の周りの筋肉をほぐしておくのです。すると、発言に際して口は自然に開きますし、発音は明瞭になるのです。

第三章　『源氏物語』に「常識」を習う

――文学は実学である――

『源氏物語』に「常識」を習う

『源氏物語』は、光源氏を主人公とする話です。光源氏は、桐壺帝の皇子ですが、臣籍降下して源氏姓になります。光源氏を敵視している弘徽殿大后でさえもそのあまりの美しさに「これでは神様が天上にお召しになって寵愛しかねまじき容貌」（紅葉賀）（林望『謹訳源氏物語』（祥伝社）の訳文による）と言う位の超弩級の美男子です。俗に「色男金と力はなかりけり」と言いますが、光源氏は、財力と能力もこれまた超弩級ですし、書、絵画、和歌、漢詩、歌うこと、踊り舞うこと、各種の楽器を弾くことなども超一流で並ぶものがないとされます。何か公の行事があると、それが舞であれ、管弦であれ、書であっても、中心人物として活躍し、注目を一身に集めるのでした。そうした主人公が多数の高貴な或いは上流の女性と実事を伴う色恋をします。それもなにかと問題含みの関係が少なくなく、特にある姫（朧月夜、弘徽殿大后の妹）との関係が露見し、弘徽殿大后らが問題視するので都におりがたく、一時須磨明石に身を引くということもあります。

なかでも、父である桐壺帝の思い人藤壺女御（先帝の内親王、のちに中宮）と不倫の関係に入り、一子（東宮、のちに冷泉帝）を儲けるということがあり、これがこの物語の原罪と言いますか原点になって、全五四帖の底流をなします。藤壺に対する憧憬は、源氏の幼少時に亡くなった母桐壺更衣に藤壺が似ていることに由来します。そして、源氏が北山に転地療養していたときに見かけた、藤壺にそっくりの少女紫の君（藤壺の姪）を誘拐同然に、自分の屋敷に連れ帰り、類い希な貴婦人に育て上げるのです。この人が紫の上で、源氏の正妻格の地位に就きます。

こうしてみると、この物語はなにかと倫理上の問題をはらんでいますし、スーパーヒーローの色好みの長い話で全編埋まっていますから、読んでいて白けるのではないかと思われるかもしれませんが、どうしてどうして全編飽きもせずに読み通させる魅力をもっていますし、滋味豊かで栄養もある最高の料理を頂いたような読後感が得られます。

＊　＊

その理由ですが、読んでいて気づくのはこういうことです。登場人物の感情生活、つまり、日頃或いは事に臨んで考えたり感じたりすること、喜怒哀楽のいろいろな感情、季節や花鳥風月に関する感覚や感情、世間の噂やそれに対する考え方、夫婦や男女関係のありようやそれにまつわる諸々の感じ方、死者に対する思い等々が随所に出てきますが、それらが皆、今に通じる感情、感覚なのです。ですから登場人物がスーパーヒーローであれなんであれ、今に通じる普遍的な性格の持ち主で、現実感を抱くことができるのです。

しかも紫式部はこうした感情生活のある側面を述べるときに、しばしば補強証拠とばかりに古今集などの古い和歌をほのめかします（和歌でいう本歌取り）。ということは、『源氏物語』で述べられる感情生活はそれよりももっと古くからの共通の感覚であったこと、つまりこうした感情生活は、日本古来変わることなく行われてきたことを示すものであり、そういう常識の上にたって、紫式部がこの物語を書いたということなのです。

簡単に言うと、紫式部は非常識な骨格（筋書）に常識という肉付けをしたのです。歌舞伎でも、荒唐無稽な芝居では、細かな筋はいかにもありそうなものにして、役者もできるだけ嘘のない芝居を工夫しなければならないとされる（松井今朝子）のと同根です。

沢山例がありますし、読み通したときにそのつもりでチェックしておればもっと適切なものを例示できるのですが、とりあえず目に付いた一例をあげておきます。

＊

＊

内親王の女三宮の行く末を深く案じられる朱雀院（光源氏の兄）は、仏門に入るに先立って光源氏に「もはやこの世に心残りなこともなくなった。ただね、女宮たちが、なお幾人も手許に留まっていてこの者たちが行く末はどうなるであろうかと思いやることばかりはいかんともできぬ。こんな思いを残しているようではあの『さらぬ別れ』に際して、往生の障りともなるに違いあるまい」と言って、女三宮の後見を依頼し、光源氏は正妻として迎えます。当然紫の上の悩みを招きます。これは、かの「世の中にさらぬ別れのなくもがな千代もとなげく人の子のため」（世の中に、あの避け得ない別れ――死別――ということがなかったらよかったのに。千年でも生きていて欲しいと思う人の子のために）という古歌

（古今集、在原業平）をほのめかしたものです（若菜）（林望の謹訳による）。

＊　＊

『源氏物語』の受容の仕方やその用い方は時代によって違います。例えば、傍流から出た光格天皇（江戸後期）が天皇の権威づけのために『源氏物語』を利用したとかですが、こうした権威づけのために『源氏物語』が利用されてきた歴史は、南北朝、室町時代、戦国時代、さらには信長、秀吉、徳川にまでその例をみることができるのです。

それは、聖典、カノンとしての『源氏物語』であり、由緒正しい写本を所持していることが大名家の権威づけになるということや、『源氏物語』の中で祝典の儀式として行われた雅楽の舞「青海波」（物語では光源氏が主演しています）をそのとおりに行うことで主催者の威信を高めるということなので、文学的内容を賞味することとは異なる世界です。

そして内容の受け止め方でも、儒教的・仏教的な解釈もあり、その立場では不義・密通などもいましめとして教訓的に受け取るという読み方も行われたのです。

これに異を唱えたのが本居宣長です。有名な「もののあわれ」論で、登場人物の恋のありよう、死者への思いはあるべき理想の姿を示すものなどではなく、愚かでだらしなく、みじめな弱さをさらけだすものであり、弱さそれ自体、人情の自然に寄り添い、思いの襞々を浮き彫りにするものだと言うのです（三田村雅子『記憶の中の源氏物語』（新潮社、二〇〇八年））。

こうした受け止め方は和歌の修業には必須のようで、藤原俊成（平安末から鎌倉時代）は「源氏見ざる歌詠みは遺恨のことなり」と言っていますし、与謝野晶子は『新古今和歌集』を評価していましたが、弟子には『源氏物語』を読むように勧めていたそうです。

蛇足として、こうした論がなぜ「裁判エッセイ」に親しむのかということですが、法律でも裁判でもその中には常識という血液が流れていることが大切で、それも古来から変わらずに生き続けている感覚と離れるものではないだろうと思うからです。

文学は実学である

私が裁判官だったころ、藤沢周平の書く武家物を好んで読んでいたことがあります。藤沢周平の書く小説では、主人公は家老や側用人といった高級武士であったり、或いはごく少禄の下級武士であったりしますが、いずれもきりりとした、人間味あふれた、静かな正義感と闘志を持つ、魅力にあふれた人物が、おおやけ心のもとに正義を求め身を捨てて行動します。家族がその人を理解し支えるのですが、こまやかな感情に満ち満ちています。いずれも長い間苦労はするものの、報われるというのも後味がよく、愛好していました。勧善懲悪というのは気分のよいものです。このように言うと作品はワンパターンになるようですが、それがそうならないのは、藤沢周平の力量、奥深さなのでしょう。こうした武士の信条や行動が裁判官としての姿勢を支え、育んでくれるようにも思っていたのです。

晩年の好著『三屋清左衛門残日録』（文藝春秋、一九八九年）の主人公清左衛門は、五〇歳を少し越えた年頃で、藩主の側用人を勤め最近引退したばかり。まだまだ体力、知力、胆力があり、藩のため友人のために影武者的な働きをします。というより働くことを求められます。隠居がそういう活動、行動を日記にしたためるという構成なので「残日録」なのですが、心意気は「日残リテ昏ルルニ未ダ遠シ」つまり、まだまだ活動することがある、というにあります。

そのころＮＨＫがテレビドラマ化し、原作の雰囲気をよく伝えていました。仲代達也が清左衛門役をしていましたが、それより息子の嫁役の南果歩がピーンと弓弦を張ったような演技をしていて、うういうしく、一途な武家の若妻らしい雰囲気を出しているのがとても印象深かったのです。つい先頃それが衛星放送で再放送され、印象を新たにしていましたところ、最近新幹線で、座席備え付けの「Wedge」という月刊誌に、鈴木遼太さんが同じ再放送に触れて「嫁役の南果歩が、いいねぇ。出てくると嬉しい」と書いておられるのを見て、我が意を得たことでした。

＊　＊

私は、藤沢周平から、勇気、胆力、知力或いはおおやけ心といったことを植え付けられ、鼓舞されたことになりますが、その他いろんな文学、つまり小説や詩を通じて、美的感覚、思いやり、好奇心或いは人生や社会に対する理解力や洞察力等を意識的にか無意識的にか学んできたように思います。いや学ぶというだけでは足りないようにも思います。司法修習生が実例を通じて「修習」するように、実地に即して体得したといった方が正確です。

つまり、文学はつくりものであり、実際にあったことではない事柄を扱うという意味で、虚学である、事実に基礎を置かない空想上のもので、単なる楽しみにすぎない、という見方が今世間に流布しているような気がするのですが、そうではないということを私は言いたいのです。

詩人で、評論家の荒川洋治が最近の随筆「文学は実学である」（『忘れられる過去』（みすず書房、二〇〇三年）所収）で、「この世をふかく、豊かに生きたい。そんな望みをもつ人になりかわって、才覚恵まれた人があざやかな文やことばを駆使して、ほんとうの現実を開示してみせる。それが文学のはたらきである」と言い、田山花袋『田舎教師』（一九〇九年）などいくつかの作品を例示した上で、「と、なんでもいいが、こうした作品を知ることと、知らないことでは人生がまるでちがったものになる。それくらい激しい力が文学にはある。読む人の生活を一変させるのだ。文学は現実的なもの、強力な「実」の世界なのだ」と言っています。

＊　＊

「実学」というと、法律学や経済学、工学などを思い浮かべます。これらが実際に役にたつ学問であることを否定はしませんが、政治や社会や経済の現状、或いは少し前のバブルのことを思い起こすだけでも、こうした学問が真の指導性を発揮できるものではないといわざるをえないようです。文学の教える領域をはずすと、社会は自己規制のできない、潤いの欠けたものになるでしょうし、人はおそらくサイボーグとかなんとかの機械的人間になってしまうことでしょう。繰り返しますが、文学が人に勇気とか、覇気とか、同情心とか、深い愛の心を育むのであり、そうした情操を備えた人が構成する社会こそが望ましいものなのです。もっとも、文学は教えることを直接の目的にするものではありませんから、ストレートに教えてくれることはむしろ少なくて、屈折した、或いは逆説的な教え方になる場合があり、しかも読者がそれを感得できなければならないということが少なくないのではあ

ります が。
そういう意味で、文学は「実学」であり、政界、行政界、経済界、法曹界等どの社会であっても、実益にもっとも遠いと思われる文学にもっと傾斜しなければならないのではないでしょうか。

歴史を読むか、文学を読むか

ある高名な法曹が新任の裁判官に対する講演で「読書を勧める。歴史を読むといい。歴史は事実を語っているからだ」と話されたのを側に居て聞いたことがあります。

歴史は事実を語っているとはいえますが、事実のすべてを語っているといえるのでしょうか。というのは、歴史とは「現在残されている物から知ることのできる、人間社会の移り変わりの過程や、そこに見られる個々の出来事」(新明解国語辞典)です。では、現在残されている物(史料)のないところについては、どうなるのでしょう。

*　*

エーゲ海のミロス島で発見されたミロのヴィーナス(ルーヴル美術館)という、誰もが知っている傑作彫刻があります。紀元前二世紀頃の作品で、当時ギリシャで輩出した傑作彫刻の最後期の作品です。その後ギリシャでは二度とこのような傑作は作られていません。何故ギリシャであの紀元前数世紀にだけ、あんなに沢山の、神品としかいいようのない優れた作品が制作されたのか、不思議に思い、いろんな本も読み、ギリシャにまで出かけ、エーゲ海クルーズまでして実見してもみたのですが、確かなところが私には分かりません。

古代ギリシャ史の専門家の話をうかがう機会があったとき「専門家なら分かりそうなのに、何故歴史書に書いていないのですか」と質問をしたところ、「歴史家はそれには触れないことになっています。史料がないからです」とのことでありました。推測や憶測はできても、史料で証拠立てることのできないことは歴史にならないからです。

ですから反対に、歴史は確実な史料だけに基づいて構成されているものとしての信用があるのです。しかし世の中は確実な史料だけで成り立っているものではありません。

＊　＊

紫式部は『源氏物語』の蛍の巻で、光源氏に「日本紀などは、ただかたそばぞかし。これら（物語のたぐい）にこそ道々しくくはしきことはあらめ」と言わせています。「日本書紀などの歴史書は、世の中のことは、ほんの片端のことしか触れていない。物語にこそ詳細な真実が含まれているのでありましょう」というような意味です。光源氏が玉鬘（たまかづら、魅力ある傑出した若い女性）に物語論をしているところにある文章です。『源氏物語』は千年の昔に書かれた世界最古の小説ですが、紫式部は、全く先例のない当時にすでにこれだけの見識を持って書いていたのです。この物語論は現在でも通用するとされています。

＊　＊

歴史と小説の間にあるものとして歴史小説というジャンルがあります。歴史家も歴史小説家も史料を基礎として著述する点では同じですが、その違いはどこにあるのでしょう。

大岡昇平は、『レイテ戦記』（中央公論社、一九七一年）や『堺港攘夷始末』（中央公論社、一九八九年）などの歴史小説を書いた小説家ですが、「史料を扱う作業に差違はないが、その際に働くものが歴史家では科学的な想像力であり、小説家では人間的な想像力であると、いわれることがある。しかし、むしろ職業的に歴史的想像力と小説的想像力とに分ける方が適切ではないかと思われる」と言っています。

歴史で個人が生き生きと活躍し、会話をすることは、『信長公記』のような、主人公の身近で作成された実録のないかぎりありえませんが、歴史小説では司馬遼太郎の一連の作品のように、作家が見てきたように生き生きと書かれることになります。この差が生じる理由を大岡昇平は右のように説明するのです。

実は歴史小説ではない一般の文学も、真実を書こうとしていることには変わりはありません。「史料」に基づくか、「史料ではない資料」に基づくかの違いがあるだけです。もっともその資料には、客観的資料だけではなく、作家の芸術的眼力や教養に由来する直感や洞察も含まれるでありましょうが。

＊　　＊

民事裁判は必然的に過去を扱います。過去の事実を証拠により認定しますが、通常は争い事を予想して証拠を残しておくことは考えにくいことです。ですから、一〇〇%の証拠があるなどということはまずありません。そして当事者は「事実は事実であって、正しい者は勝つ」と信じていますから、証拠の数が十分でないからといって、事実に反する認定をすると、まず間違いなく納得しないでしょう。裁判官は事実を見抜かなければなりません。

証拠と認定の間を架橋しなければなりませんが、大岡昇平の表現を意訳すればそこに「裁判的想像力」を働かせることになるのだと思います。法曹はこの裁判的想像力を育むことが大切なのです。そういう訳で、歴史を読むことは大切だが歴史を読むだけでは不十分で、文学をも読まなければならないというのが私の意見です。そしてこれは、法曹に限られる議論ではないだろうと観察しています。例えば経営者であれば、経営的想像力が大切だというように。

長編小説を読む

長編小説といえば、一昔前には、トルストイの『戦争と平和』(一八六九年)やロマン・ロランの『ジャン・クリストフ』(一九〇三〜一九一二年)、『魅せられた魂』(一九二二〜一九三三年)などが一世を風靡し、私なんかも若い頃夢中で読んだものです。教養として必読の書とされていましたから、半強制的な義務感から読み出し、読み進むほどに「魅せられ」ていったように思います。しかし今は、こうした長編は若者に限らず皆が読まなくなっていて、ほとんど過去の書物になっているような印象があります。

これらの作品は優れたものですが、来世紀まで残るものかということには疑問があるようです。しかし間違いなく残るとされているのが、プルースト(一九二二年没)の『失われた時を求めて』(一九一三〜一九二七年)です。

ところがこの小説は、まさしく長いうえに、活字が紙面いっぱいに広がっていて余白がなく、議論が細かく抽象的だし、甘美な味わいにも欠け、話の筋に波瀾万丈といった面白みがないので、読み進む気が薄れてしまうのです。

ですからこの小説は、皆が最後まで読まない本としても有名で、詩人の荒川洋治までが「なんと七回も『この機会に読んでみようかなあ』という思いに強くさそわれながら、果たしていないのである。第一巻の九〇頁あたりまでは何回も行き来するが、そこから先へいかない」と言うのです(「遠い名作」『忘れられる過去』(みすず書房、二〇〇三年))。

＊　＊

私も新潮社の全訳本を持っていましたが、何回も中断を繰り返していました。ある時京都の有名な三月書房(ごく小さい書店ですが、主人が選んだ珠玉の本だけを置いてある店です。中京区寺町二条上ル)の主人に「何かもっと読みやすい訳本はないものかなあ」とぐちったところ、「近々集英社から鈴木道彦訳が出るらしい。期待できますよ」との答えでした。そして期待のとおり、平成八年から五年かかって全部で一三冊、とても美しい本が出、完結とともに読売文学賞の翻訳部門を受賞したのです。梗概や索引が完備し、注も詳しく、美しい原色の挿絵もあり、なによりもまずこれ以上ないというくらい読みやすい日本文になっています。訳者にも編集者にも、読みやすく美しい本を作ろうという明確な意思があったと感じさせる本です。私はこれを刊行のタイミングに合わせて読み終えたのでした。しかし五年がかりで読むというのはいくらなんでも長すぎましたので、ただ今集中的に再読中、まもなく終わります。すばらしいの一言に尽きます。一つの匂いの描写を一頁近くにわたってするなどという芸当も出てきます。しかも見事に納得させられるのです。それに類したことが山積されている書物です。

裁判記録には膨大なものがあります。ロッカー一杯の記録なんていうものも珍しくありません。それも錯綜した事件であるが故に多くの記録になるのですから、順番に読んでいっても、すぐに真相が現れるという保証は全くありません。読み易いものではありませんし、もとより梗概や索引がついている訳ではありません。初心のころは気が遠くなる思いをするのが常でした。

それでもまず読まなければ始まりません。正直なところ嫌にもなります。しかし裁判官が嫌がっていては当事者は救われません。

＊　　＊

対策として私は、こういう事件には無尽蔵に時間を与えることにしていました。一定の時間内に読み切ろうとすると無理がきます。また気分が乗らないこともありますが、そういう時は仕切り直しをするのです。何回も何回も。結局この事件を解決する者は自分以外にないのだ、これには人の生命、財産がかかっているのだという責任感、義務感が最初や途中の難関を突破する原動力になるのだと思います。するとあとは多少の努力の継続で読破でき、全体像や個々の姿が見えるようになっていきます。自分なりの索引もおのずからできていきます。人にも説明できるようになりますし、いろんな要約をすることも可能になります。実は判決書は、裁判記録の判決用要約版と考えればよいです。

それによいことには、当事者がよくもこんな大変な記録を読み切り分かってくれたと感心し感謝して、こちらの示唆に従う和解に応じてくれるようなこともありました。難件が一挙に解決するのです。

努力は無駄にはなりません。

＊　＊

長編小説に戻りますと、ここでは裁判記録の時のような責任感はありません。ではどうすれば読めるのかということですが、読書の達人が一様に言うには、買うことが大切で、図書館で借りていてはいけないそうです。その本に責任と愛着を持てることが大切なのです。ですから親しい人から貰うということがあってもよいでしょう。このようにして主観的にも客観的にも、いつでも、いつまでも読めるという態勢を作ります。次に動機付けが大切です。一昔前の教養時代のような義務感があればよいのですが、今はそれがありませんから、興味を引く何かを補うのです。私の場合の三月書房主人の言などがそうです。また『失われた時を求めて』には、美しい花やモードや絵画や音楽の話がふんだんに盛り込まれていますが、そうしたものについての美しい本がいくつか出ていますから、座右においておくと、生き生きしたイメージをわき起こす手助けとなります。このような介助を受けて読むほどに、この本に満載されている絢爛にして皮肉で罪深く実相をうがった人間模様が浮かび上がるように見えてきます。こうなるともうしめたものです。むしろ麻薬のように中断できなくなり、「遠い名作」でなくなること受合いです。訳者も、この本こそは何回も読み返せる面白い小説だと保証しています（『プルーストを読む』（集英社新書、二〇〇二年））。

読売文学賞と私

今年（平成一六年）の読売文学賞の小説部門は、小川洋子の『博士の愛した数式』（新潮社、二〇〇三年）が受賞しました。事故のため記憶が八〇分間しか保てない純真無垢の数学者〈博士〉のもとへ家政婦〈私〉が派遣され、「友愛数」「素数」などの美しい数の世界を教えられることで心を通わせていきます。とはいっても記憶力のため〈博士〉には〈私〉とは毎日が初対面になります。このようにして新鮮で静かで美しい、夢のような聖家族の世界が紡ぎ出されます。

出版直後この初版本を読んで感心し、読書家の知人に話したところ、早速読まれての感想が「凝縮した美しさにあふれている」というのでありました。同感です。そして知人と今回の受賞を喜び合ったのです。

＊　　＊

読売文学賞は、野間文芸賞と並んで、最高の文学賞とされています。芥川賞は新人賞で作家の出発点にすぎませんが、読売文学賞は実力者の傑作中の傑作に与えられるものです。野間文芸賞はそうした実力者がさらに作品を発表し、生涯の最高作と目されるものを出したときに与えられるものということができます。読売文学賞と野間文芸賞が最高の賞だということは、過去の受賞作を見れば明白です。今回で五五回目になる読売文学賞の受賞作品群そのものが「日本文学の山脈の稜線の眺め」(今回の贈呈式における井上ひさしの言)でもあるのです。

＊　　＊

実は私は、新刊の初版を買い求め、読んで感心した後に、それが読売文学賞か野間文芸賞をとれば最高に喜ぶという変な癖を持っています。なぜそんな癖が身についたかですが、裁判官に限らず法曹は、現在ただいまの事件を扱いますから、現在に通じる感性を持っていなければなりません。時間は絶え間なく進行しますから、現在の感性を身につけ続けるための最上の方策は、現在ただいまの優れた文学にリアルタイムで触れていることということになります。古典であれば評価は定まっていますから、選択に苦労はしませんが、現在の文学のどれを優れた文学と見ればよいのか。それに本というものは、買う以前には中味が分からないものなのです。買うものの中味が分からない買い物というのは、他に例がないくらい特殊なものです。無尽蔵に読めるものではありませんから、沢山ある新刊書の中から良いものを選択するのはとても大変なことですが、答えの一つが、例えば読売文学賞をとった作品を読めばよいということになります。それは受賞しているというそのことが後世からみても「日本文学の山脈の稜線」をなすものとの保証になるからです。毎年二月一日発表で、前年出版分から選ばれますから、発刊後一年以内、まだまだ採れたてのほやほや性を失っていません。

＊　　＊

ということで若いころから、いくつかある読書パターンの一つとして、読売文学賞をとった作品は好き嫌いなく読むようにしていました。そんなことを繰り返すうちに、いやいやむしろ賞をとる以前に自分で選ぶ方が新鮮ではないか、それには初版を買うのがよく、またそうすることは作家への最大の賞賛になると考えるようになりました。

またこのように先入観なしに自分の考えで選んでおりますと、選択力がつきますし、読書力もつくことになるのです。レパートリーも増えます。楽しみも増えます。おのずから的中率も上がっていきます。こうしたことが教養を深める所以であり、裁判に資するはずであると考えたのです。というのは、裁判には何が来るか分かりませんし、裁判官は事件を自分で選べませんから、素地を豊かにしておくことがとても大切なのです。弁護士は裁判官に比べれば事件を選べるようではありますが、選択が自由というほどではありませんし、いろんな当事者や事件にじかに接するのは弁護士ですから、弁護士こそ素地を豊かにしておかなければならないのです。

しかも良いことには、読売文学賞には小説部門の他に戯曲シナリオ、随筆紀行、評論伝記、詩歌俳句、研究翻訳という各部門がありまして、このすべてに目を通していますとレパートリーは飛躍的に増大することになるのです。

小説以外の部門でも、受賞以前に初版を買い、読んでおくということに挑戦していますが、この的中率はどうしても低くなります。詩歌俳句、戯曲シナリオにいたっては手も足も出ません。それでも受賞の機会に買い求め読んでいますと（戯曲シナリオは買い求めることすらできないのが普通です）、自分の世界や感性が随分豊かになるように思えるのです。作品の良し悪しなんかも分かるようになります。そしてそれは明日につながるはずなのです。

常識のたね

平成一九年に放映されたＮＨＫの朝のドラマ「ちりとてちん」は、上方落語家の話でした。見ていて驚いたのは、落語家の内弟子は、師匠の家に住み込んで料理洗濯掃除等の家事を担当し、師匠の身の回りの世話もするのですが、教えを受けるための束脩（入学金）や月謝といった対価を支払う必要がないことです。それに、生活費等の一切は師匠持ちであり、かつ、弟子は自分の師匠だけではなく、一門に限らずどの師匠からも教えて貰えるが、それも一切無料であるということです。

このように言うと、落語界の師匠は金銭的に相当の余裕があるように見えますし、昨今のように落語ブームと言われる状況ですと、それもうなずけるのですが、一昔前はそのようなことはなかったし、収入があっても、芸のこやしとか言って散財してしまうので、生活費がいつも潤沢であるという保証はないようです。

生活費レベルでは貧乏所帯といってもよい状態なのに、内弟子の生活費まで抱え込んだその上に、よその落語家にも無料で教えるのです。食べ物が十分でないときは弟子と分け合うと言いますし、ある師匠は、戦後の食糧難の時に、習いにきたよその落語家には白米の握り飯を提供し、師匠と内弟子は粗末な食事でしのいでいたという話も聞きます。教える方の真剣さと真心がうかがえるエピソードです。

落語家の卵は、内弟子修行を通じて、常識や礼儀を教わり、落語を教わるのですが、話の筋、話し方や間を教わることは当然として、それ以上に大切なこととして、落語の持つしたたかさや深み、そして軽みを生み出す落語の心といったものを伝達されるのでしょう。

落語は、一人の語りだけで大勢の聞き手を、導入部のマクラで掴んで、滑稽話を中心とする、異界と言ってよい世界に自然にいざない、最後のオチでもとの世界にふっと戻す話芸ですが、聞き手としては、現世を離れ異界をただよう心地よさを求めて、同じ話でも何回も聞くのです。

話の筋や話し方を学ぶだけであれば、録音テープやＤＶＤでも間に合いそうですが、それだけで、聞き手を何回も異界にいざなうような至芸を会得できるはずはありません。そこの土台にある落語の心といったものこそが大切で、師匠方は、これを伝えるために昔からいろいろ工夫をし、試行錯誤を繰り返した挙げ句の到達点に現在の落語界での伝達のしきたりがあるのだと思います。この方法は、東西の落語界で同じように行われていると言いますから、究極の方法と言ってよいのでしょう。

＊　　　＊

裁判官、検察官、弁護士から成る法曹の世界で、この落語の心に相当するのは何でしょうか。私見によれば、それは常識とかセンスとかリーガルマインドと言われるバランス感覚です。正義感こそ大切だという文脈もありますが、正義感もバランス感覚の、重要ではあるが一発露であると位置付ける位の方が、イデオロギーに流されず、過剰にならず、自然かつ柔軟で、持続する力を発揮できるように思っています。

山田洋次監督の寅さんシリーズの一つ「寅次郎恋愛塾」で、平田満演ずる司法試験浪人が、ヒロイン樋口可南子に失恋したと思い込んで自殺行をし、騒ぎを起こしたあげく、受験を諦めるのですが、世話になった寅さん宛の手紙の中で「人の生命、財産を左右する立場にある法曹には常識が大切であるのに、豊かな常識を持っている寅さんと違って常識を欠いている自分には司法試験を受ける資格がないと分かったから、受験を諦める」という趣旨のことを述べます。寅さんを豊かな常識人とみなすところがいかにも喜劇ですが、さすがに山田監督だけあって、事柄のつぼを押さえているではありませんか。

しかし司法試験は法律の試験ですから、合格者が常識を備えている保証はありません。それに常識は本を読めばよい、教われば会得できるというものではありません。

＊　＊

どうすれば常識が身につくのでしょう。確かな方法は、常識のある人との接触を通じて常識のたねを貰い（或いは盗み）、発芽させ、教養という名の肥やしで育て、剪定を繰り返すことです。これは一生の問題であり、育て方、剪定の仕方も、先達から有形、無形に習うことが大切であり、平行して、自らも読書や反面教師を含むいろんな人との交わり等を通じて意識的に耕すこと、つまり涵養することを欠かせません。

このように常識の涵養は一生の問題ですが、修行時代というものはあり、法曹界では、司法修習生時代に各地の裁判所、検察庁、弁護士会での多くの先輩法曹からの個人指導を中心とする接触が大切とみなされています。ここで常識のたねを貰うのです。先輩法曹からの伝承が大切なのは、その「常識」がその更なる先達からの伝承であることと、先輩自身の涵養に加えて、実務の荒波を通じた批判を経たものだからなのです。

私が裁判長をしていた大阪地裁の民事裁判での実務修習を例にとりましょう。当時民事裁判に関しては、修習生は二名ずつ一つの合議部に四か月間配置され、裁判官と一緒に法廷に入り、合議に加わり、判決起案をし、その添削を受ける、というのが裁判実務修習の基本で、修習生の志望先にかかわらずみっちり行われます。この実務修習自体にも常識のたねの伝達が含まれるのは当然ですが、それと共に、私は（他の裁判長も同じですが）、事件の背景や、広く社会、経済、文学、歴史その他もろもろのことが話題に上がる雑談をするようにしていました。この裁判エッセイの題材のような話です。それもなるべく今審理していて、修習生が見聞した事件を契機とした雑談をすると吸収率が高まるようでした。雑談の場所は、裁判官室がほとんどですが、気分を変えるために、外で飲食を共にしながらということもあり、自宅に招くこともありました。

落語家の世界とは形こそ違いますが、似通った理念、雰囲気で、各実務家は無私の境地で修習生に接し、スキンシップよろしく常識のたねを伝達するのです。その実務家自身が同じように扱われてきたことが背景にあります。このように、常識のたねの伝達は、法律実務についての知識の伝達と同等、或いはそれ以上に大切なこととみなされています（今は修習期間が半分になり、人数も増えていますから、個人的接触面は従来より薄くならざるをえないとは思いますが、常識のたね伝達の質を落とす訳にはいかないのがつらいところです）。

大隅先生の思い出 ——常識を説く力——

故大隅健一郎先生は、元京大教授で、商法の泰斗、文化功労者、文化勲章受章者です。最高裁判事も勤められました。思い出のいくつかを記します。

私が初めて大隅先生の商法の講義を聴いたのは二回生のときでした。たまたま大教室を覗いたときに先生が講義をしておられたのです。顔を少し右上に向けて、やや高い音域で、リズミカルに朗々と講義されている様子に引き込まれ、二回生が受ける講義ではなかったのですが、時間を調整して最後まで聴講してしまいました。何かの音頭もかくやと思われる大隅リズムに乗って講義内容がそのまま自然にこちらの頭に植え付けられていくという体の、聞きやすく、分かりやすい講義でありました。商法の世界の立体的な展望、その展望の中で位置づけられる問題点の指摘、問題解決の糸すじ、結論等がすっと解るのです。三回生の時に正式に受講したことは勿論です。今思い起こしてみて、名人(八代目)桂文楽師匠のリズミカルで高めの声、格調高く暖かみのある口調を思わせると言うと、イメージを掴んで頂けるでしょうか。

*　　　*

先生は昭和四一年京大教授から最高裁判事に就任されました。私はその後に最高裁調査官になり、裁判官としての先生に身近に接する機会に恵まれたのです。

事件に関する先生の指摘は鋭く、説得力に満ちたものでした。また最高裁には、最高裁判事六名が委員となり、調査官全員が幹事となる判例委員会があって、毎月一回、その前の月に言い渡された最高裁判決について、公式の判例集に登載するか、判決の要旨をどのようにまとめるかを検討します。そういうときの先生の発言は、いつも明晰そのもので、判決要旨の文言をどのようにまとめるかについても、判決の内容、趣旨を明確に述べた上で、主語はこうで、述語はこうなるべきであるという体の、文法や文章論の説明も加わった、簡潔にして至れり尽くせりの説示がされますので、一同シーンとうなずいてしまうのでした。

先生が商法や法律の大家であることは、私が喋々するまでもありません。ここで私が強調したいのは、先生は、商法関係の事件にかぎらず、他のいろんな民事事件、それに刑事事件にまで及ぶ、幅広い場面に通用する高度で強い常識を持っておられ、またその常識を平易な言葉で、分かりやすく説くことができるという特技です。同時に先生は、自分の常識について、相当の自信を持っておられるように見受けられました。しかしこれが頑固につながるものでないことは言うまでもありません。常識の発露としての自信ですから、もともと柔軟性を持っているのでしょう。

*　　*

先生は第一小法廷の所属で、同じ小法廷に松田二郎裁判官がおられました。松田裁判官も商法の大家であられ、また少数意見（判決の結論を構成する多数意見に対する反対意見）を沢山出しておられました。退官後『私の少数意見』（商事法務研究会、一九七一年）という著書を出された位です。

大隅先生が最高裁判事を退官されたときの調査官による送別会の席で、先生は「私も松田さんのような少数意見集を出せと言われたが、私の少数意見はそんなに多くはない。実は私の意見が多数意見になってしまうからだ」と言われたことが強く印象に残っています。

＊　＊

先生は退官後阪神間の西宮市に居をかまえられ、林良平京大教授が大阪で主宰しておられた研究会に顧問格で時々出席されました。この研究会は、京阪神の民法と商法の有数の学者や実務家で構成されており、当時大阪の裁判所の裁判官であった私も、一人くらい裁判官も加わっておきたまえという林教授のお誘いで、参加していました。

大隅先生はかなりのご高齢でしたが、先生が出席されると、研究発表後のフリートーキングの際などに、商法の学者方から質問攻めに遭うことがありました。大隅先生はそれにいつも明晰に答えておられましたが、ある時突然の質問であったのに、「私の著書にはかくかくと書いたが、その趣旨はこういうことだ」と、三〇年位前に出された著書の文章を宙で詳しく述べられ、質問された問題も念頭においていて、それについての考えを折り込んだものがこの表現になるのだと言われ、その注釈までされたのには驚きました。手許にその著書があるわけではなく、事前の準備もありえないことでしたから、記憶に文章やその検討過程が明瞭に刻印されていたに違いないのです。学者が精を込めて文章を推敲するとは聞いていましたが、ここにまで至るとは驚きです。その結果が上記のような応答につながるのでありましょう。また、判決文や判決要旨の作成に当たっての、文法の説明も加わった、簡潔で正確無比な指摘の背景には、長年にわたる著述或いは講義があり、それぞれが推敲を凝らした後のものであったのだと合点がいくのです。ですから、先生の文章は正確で分かりやすく、講義や発言にしてもしかりということになるのでしょう。

＊　＊

それにしても先生の常識の高さとその説得力、それに関する先生の自信は、どこからくるのでしょう。想像ですが、おそらく若いころからの外国語を含めた勉強、研究、留学、討論、著述、講義、大学行政、交遊等を通じて、たえず鍛え上げられ、磨き上げられていったものなのでしょう。その際、扱う問題が人や社会を対象とする法律の世界のことだから、常識にかなっていることが第一であり、しかもそれには説得力が伴なっていなければならないという明確な意識を持ち、鍛錬しておられたのではないでしょうか。だから自信にもつながるのだと思います。

法曹や責任ある立場の人は、高度の常識を持っていなければなりませんが、自分が納得しているだけの常識では意味がなく、人を説得し、普遍化できなければなりません。常識というものは、それ自体が説得力を持っているものですが、新しいことへの当てはめの場面では、常識が持っている自然の説得力だけでは力が発揮できないようで、プラスする何かの後押しが必要です。大隅先生の幅広い説明力に加えて、先生の、人を乗せてしまうようなリズム感も与かって力を発揮していたのだと思います。

「あみださん」の「さんがくがんりき」

私が司法修習生として実務修習をしていた時（昭和三二年）、配属先の大阪地裁刑事合議部の網田覚一裁判長からよく「さんがくがんりき」という言葉を聞きました。

網田裁判長は、自由闊達な訴訟指揮をする裁判官で、「網田さん」として敬愛されており、修習生にも気さくにいろんな話をしてくれました。その一つが「さんがくがんりき」です。何事によらず見る目、理解する力がないと何も見えない、見えても分からない、そういう力を「さんがくがんりき」というのだと教えられました。網田さんの下での二か月間の修習中この言葉を聞かない日はなかったような印象があります。

「あみださん」の「さんがくがんりき」というと、口調も良く、何かありがたくも響き、以来忘れたことがないのですが、そのいわれ、どういう字を書くのか、といったことは忘れてしまっていました。

*　　*

最近ふと思い立って網田さんの女婿であるH弁護士に尋ねたところ「参学眼力と書き、出典は道元の正法眼蔵である」と教えてくれました。辞書で調べても分からなかったのですが、おかげで私はなんと五〇年ぶりに蒙を啓くことができました。

調べてみると、正法眼蔵の「現成（げんじょう）公案」の巻の中に「塵中格外、おほく様子を帯せりといへども、参学眼力のおよぶばかりを見取会取するなり」とあります。網田さんの教えのとおり、この現世や形而上の世界では量り知れない現象が生じるが、把握できるのは自己の学力、眼力の範囲に限られる、という意味だそうです。

聞けば網田さんはあの大部にして難解といわれる正法眼蔵をよく研究しておられたそうで、おそらくその外の仏典やいろんな書物をも渉猟しておられたのだと思います。

民事裁判担当の裁判官になった私からみて、刑事裁判担当の裁判官は、そうとは明言しないもののこの種の勉強を重ねているという印象がありますが、それは刑事裁判においてはいつも、人間の本質に相向い、その真の姿を把握し、裁判官として何ができるか、何をなすべきか等がいつも、切実に問われるからであろうと思います。その答えが法律書の中にあるはずがなく、いろんな修養をして答えを探さざるをえないのでしょう。

まもなく裁判員制度が始まります。裁判員は、事実の認定と刑の量定に関して裁判官と全く同じ立場で裁判に関与するのですが、裁判員に裁判官がしているような勉強や心構えを期待するのは無理というものです。しかしそれだけに、裁判員は裁判官が持っているところをよく観てほしいし、裁判官もその持っているところやその参学眼力で掴んだところを分かりやすく裁判員に披瀝してほしいものです。

網田さんによれば、参学眼力を身につけるためには、やはり読書が一番である、とのことでした。そして読書をするには、まず本を買うことが大切である。それも読みたいと思った時にすぐに買い込んでおくことが大切で、それをツンドク（積ん読）のが秘訣である。本はすぐには読めないし、読む時間ができたからといって買おうとしても、その時にはその本はないかもしれない、そもそも読みたいという気持は再起しないかもしれない、等々のことを繰り返し教えられました。

以来私は「読みたいと思う本」の中に「読んでおくのがよいと思う本」も加えて、網田さんの教えを実行してきました。そうすると、本が本を呼びますから、選ぶ本は必然的に多彩になっていきますし、おのずから選択力ができて、よりよい本を選べるようになるものです。また、別の先輩からは「有名な某裁判官は、裁判官たるもの、収入の三分の一は本を購うのに使うべきであるとして、実行しておられた」と聞かされたこともあります。とてもそこまでには至りませんが、本を買う資金には制約をつけないことにしています。そうは言っても、読める範囲という限定がありますし、やはり本は安価ですから、首が回らなくなるようなことはありえません。

＊　＊

ところが、網田さんのツンドク方式を実行していると、本が増えて仕方がないのです。法律書だけでも半端でないのに、法律外の本が無尽蔵に増えることは、物理的にも許されません。何分転勤があるものですから、本の始末が大変です。いつも転勤の準備をしてくれる家人もいつしか悲鳴を上げ、本が増えることに強迫的被害感情、ついには敵対感情まで持つようになった模様ですが、そこは裁判官の女房です。「本をいくら買ってくださっても結構ですが、その分は処分してください」とのお達しです。まことにもっともな申し状ですので、転勤の都度どさりと処分するようになりました。今は転勤こそありませんが、時に家人の「少し本が増えているようですが」とのひそやかな監査がありますし、いずれ、そこへは物を持って行くことができない、人生最後の「転勤」がある予定ですから、それに備えてやはり間欠的にどさりと処分し、また買い込むということを繰り返しています。ですから私は愛書家にはなれません。

＊　　＊

この網田方式は、物理的な害が出ることがあるものの、本を読むという環境をつくるには格好のものと思います。ツンドク書物の中から次に読む本を選ぶ作業は喜悦に満ちたものになります。当然のこととして本の内容と読む気持が合致することになりますから、人馬一体の境地とでも申しましょうか、大部、難解な書物でも向こうの方から心を開いてくれる趣があって、おのずから選ばれた本をたやすく深く読めるようになるのです。ですから難しそうな本でも、気安く買うことになります。こうしたことを、親身になって肌身にすり込んでくれた先輩のご厚情には感謝するばかりです。

法曹は法律の勉強だけで成るものではありません。今は法科大学院制度となり、司法修習期間も半分の一年になっています。司法修習生の数も飛躍的に増え、私がマンツーマンで網田さんから時間をかけてじっくり教えを受けたような環境は無くなっています。しかし法律実務の世界では、法技術だけでなく、先輩から伝えられる有形、無形の知恵、伝承や参学眼力を豊かに身につけることがとても大切なのだということを強調しておきたいと思います。

教材としての文壇録

作品論よりも作家論に軸足を置き、作家の人物像、生育歴、学歴等の勉強歴、先祖から現在までの家庭環境、生き様、交遊関係、特に他の文学者との親近或いは反発の関係、異性関係、仕事振り、作品成り立ちの裏情報等を、個人情報保護などという考えをかなぐり捨ててまとめた一連の書物があります。文壇録とか、文壇実録と言われるものです。要するに、作品が生み出された背景をまとめたものと言うことができます。もともと作家は私小説家を代表として、自分の内面外面をさらけ出す職業ですから、個人情報保護の利益をあらかじめ放棄している立場ですが、家族など関係者は大変です。書き手は、作家とか文芸評論家（特に編集者出身）が中心で、それぞれの観点から取り上げた作家の実像を、素材から彫像を削り出すようにして描きます。これらの書物を文壇録と呼ぶのは、以前にあった文壇に由来します。当時作家や文芸評論家には、濃淡様々ではありますが、文人意識に基づくある種の帰属意識があり、その世界を文壇と呼んでいました。その文壇という言葉は今も残っていますが、実体はなくなったと言われています。

＊　＊

文壇録の種別には、まず歴史的視点から大観した『日本文壇史』（明治から大正まで、伊藤整著一八巻、瀬沼茂樹著六巻、講談社文芸文庫）、そのあとを受けた形の『新・日本文壇史』（川西政明著一〇巻、岩波書店）があります。歴史とは言っても、性質上個々の作家に照準が合っていて、それに文学史的な視点が加わっていますから、文壇録としての裏情報は満載されており、それと合わせて生きた文学史が分かることになります。

次に、特定のジャンルの作家を網羅的に取り上げるものとして、大衆作家とか時代小説作家に照準を合わせたものがあります。いわばその文壇特有の情報が満載されることになります。大村彦次郎の『時代小説盛衰史』（筑摩書房、二〇〇五年）などです。

その次に、書き手が任意に選んだ特定の作家についてのものです。これには文壇録的なものから評伝（作品評価を加えた伝記）までいろいろあります。また、瀬戸内寂聴の『奇縁まんだら』（四巻、日本経済新聞社）のように出会った人（当然作家が多いのですが、作家以外の人も入っています）についての見事な一筆書きのような文壇録もあります（これには横尾忠則の見事なスケッチがついていて、対象の作家を彷彿とさせます）。

これらとは少し趣を異にしますが、作家同士の交遊関係を書いた交友録や往復書簡集があります。単に交遊のあれこれを書くだけではなく、もっと深い真摯な観察や意見の交換が満載されますから、文壇録以上の情報に満ちたものになります。

＊　　＊

私はこれらの書物を好んで読んできました。従来の文学史、特に高校で習うような文学史は、文学者の名前ばかりが出てきて、それを政治的な時代区分で区分けをしたものですが、具体的な内容は分かりにくいし、文学の時代的区割りを政治のそれに従わせる無理もあって（ですから日本全史を五つに分けるという丸谷才一の創見があります（『日本文学史早わかり』（講談社、一九七八年））。五つというのは余りに大まかすぎるとは本人も認めていますが、文学史とは人の考え方の流れですから、人は古来そんなに変わっていないことの証左かもしれません）、身につかないのですが、文壇史は個人に着目しますから、具体的で、歴史が活き活きと息づくようで、面白いのです。文壇史を読んでから文学史を読むと、文学の歴史が良く分かるように思います。

次に文壇録ないし評伝では作家の人物像が腑分けするように解剖されますが、それと個々の作品との密接な関係も開示されますから、このあたりの面白さがあります。しかも読み手は作品をじかに鑑賞できますから、言われていることを自分でも確かめることができます。法曹は、裁判官、検察官、弁護士を問わず、要するに人と社会を対象にする職業で、特に人のことが分からなければなりません。その点文壇録は人間観察の格好の教材になると言えるのです。特に作家の書いた評伝は、ほぼ例外なく内容が濃くて面白いと思います。それは、人間観察、人物表現のプロである作家が、沢山いる作家の中から興味を持つから対象として選んだというインセンティブがあり、しかも素材は誰でも検証が可能というオープンな状況で書き上げるのですから、力量が問われます。ですから、総じて力作であり、読み応えがあります。

＊　　＊

最近に出た、文・川本三郎（評論家）、写真・樋口進（写真家、もと文藝春秋社所属）による『小説家たちの休日』（副題「昭和文壇実録」文藝春秋社、二〇一〇年）を一例にあげます。「休日」と銘打つだけあって普段着の、ときにはステテコ姿（大宅壮一）の写真とともに、樋口進のキャプションが付けられていますが、これがまた文壇通の写真家だけあって、作家を彷彿とさせます。本文は短いながらも、川本三郎の卓越した観察眼で捉えたエピソードと鋭い作品評から成っていて、題名どおり小説家の休日のたたずまいとともに作品の本質が描かれることになります。

その一つに檀一雄が女性と二人で、とてもよい笑顔で写っているスナップがあります。女性は、檀の自伝的長編小説『火宅の人』（新潮社、一九七五年）（読売文学賞、日本文学大賞）で主人公桂一雄の愛人として登場する「恵子」のモデルの入江杏子（劇団民芸）だそうで、樋口進の「六〇年間隠していたが、このたび檀夫人の許可をいただいた」とのキャプションがついています。「火宅の人」では主人公が延々と三角関係に由来する「火宅」をつくりながら、しかし一種楽天的と感じられるのが救いであり、面白く読めるのですが、この二人の笑顔を見て納得できました。「恵子」は日本文学が作った女性像の中でも特に魅力があると思っていますが、作者の創造力、表現力もさることながら、モデルに恵まれたに違いありません。そして、この「恵子」なら主人公が「火宅」を作ったことも、めちゃくちゃな生活の中から生涯の傑作を著しえた理由も分かるように思いました。また本文で川本三郎がそのあたりのことに触れ、家族を破滅させなかった檀一雄の天真爛漫振りを描写しています。これが今回この写真の公表が許可された背景なのでしょう。檀一雄は破滅型とか無頼派と言われていますが、明るさがあって、太宰治的な人をも破滅させる型ではなかったようです。なお檀一雄のことは、上記新・日本文壇史第六巻に詳しく出ています。

要約するということ

文章や出来事などの要点を取りまとめて、短く表現することを要約と言います。要約というと堅苦しく響きますが、実は要約は私たちの日常でよく行われる事で、私たちは要約の中で暮らしているといってもよいくらいなのです。人との会話、雑談では、ある出来事を要約して話すことの繰り返しですし、手紙を書くにしても同様です。会社員などの組織人にとっては、上司や同僚に口頭又は書面で報告することが頻繁にありますが、その際も要約が前提になっています。素早く、必要にして十分な要約ができることが、会社員にとって必要不可欠の技倆と言えるのです。会議体は、幾つかの要約された報告を元に、これまた要約された意見を交わして一定の結論を導くものです。こうしてみると、私たちは要約に取り囲まれて生きていると言っても過言ではないでしょう。

実は、判決文は、審理の結果と裁判官の意見を要約したものですし、代理人が作成する準備書面は、当事者等から得た情報を要約したものなのです。

*　　　*

要約は英語では、summing up となります。サミングアップというと、サマセット・モームの同名の随筆（*The Summing Up*『要約すると』（一九三八年））が思い出されます。

モームは、昭和三〇年頃にはよく読まれた小説家で、文章が平明であることもあって、当時大学の外国語講読によく用いられました。人生を深く観察したところを鋭く、皮肉に、ユーモアを持って平明に表現するという作風でした。『月と六ペンス』（一九一九年）、『人間の絆』（一九一五年）が代表作です。そのモームが六四歳の時に人生を回顧し、人生、戯曲、文学、哲学、宗教等についてのモームの考えを、モーム流の率直さで要約したエッセイです。

この本でモームは、自分は自分の観察に基づいて作品を作っていったと回顧していますが、その率直な観察眼こそがモームの作品を魅力あるものにしています。人間を観察すると、一人の人の中に矛盾があるのは自然なことと分かると言います。そこから現実主義者、皮肉屋としてのモームが浮かび上がると思います。

こうしたところからか、モームには「愛とは、お互いに相手を知らない男女の間に発生するものである」とか「金は第六感のようなものだ。これがないと、他の五感も十分に機能しない」と言った辛辣な警句が多く、皮肉屋の面目躍如たるものがあるのですが、こうした警句も、要約作業の結果なのです。

＊　＊

複雑なことを簡潔に要約する、ということで思いつくのは、フランスのモラリストと言われる人たち、例えば、モンティーニュ、パスカル、ラ・ロシュフーコーらです。これらモラリストたちは人間性とか人間の生き方につき思索をめぐらし、箴言、つまり、格言風の短い言葉で表現した一連の著作を世に送りました。箴言の一例を挙げると「己の慣習でないものを、人は野蛮と呼ぶ」（モンティーニュ）、「人間は考える葦である」（パスカル）、「人はみな記憶力の乏しさを嘆く。しかし、誰も判断力の乏しさを嘆かない」（ラ・ロシュフーコー）などです。これらの言葉は、人間や人生の本質を鋭く突いていて、心を打ちます。真実を単純な言葉で言い切ることの力、言葉の本当の力とはこういうものなのだと感じます。同時にユーモアやペーソスも感じますが、それが人生の有り様なのでしょう。小説家らが着想や言葉に悩んだ時、何らかのヒントを求めてこれらの書物をひもとくことがあるそうですが、私たち一般人にも何かと参考になります。

＊　＊

実は、俳句や短歌も要約のなせる技なのです。一七文字、三一文字という僅かの字数の中に、壮大なこと、微妙なことその他森羅万象ありとあらゆる事々を詠み切って、しかも素人も含めて多数の者が鑑賞できるというのですから、要約の極致と言ってよいのではないでしょうか。しかもその実践者の数の多いことは世界に例をみません。一握りの好事家の独占物ではないところがすごいと思います。

話を飛躍させるようですが、演劇や映画の脚本に書かれるセリフもある意味では要約そのものであるように思っています。なぜかというと、演劇であれ、映画であれ、いろんなことが重なった末にある場面になり、それは更に発展するのですが、そこで語られるセリフは、今までのこと、これからのこと、セリフを述べる当人の思い等の複雑きわまる関係相の中で、決定的な決め事になるような表現でなければなりません。それは論理的に要約されたものに留まらない内容であらねばなりません。ですから、劇作家はそのセリフを産み出すのに呻吟します。ある劇作家は、脚本の二頁を書くのに二日をかけ、一つのセリフを産み出すのに壁に頭をぶつけてまで呻吟するといいます。そのセリフは、当該作品をある意味で表象するような重みがあるものになるはずです。そして実は、どのセリフもそういう重みを持っているべきなのです。つまりセリフはすべて当該作品の要約に匹敵する位置にあるのです。名劇作家井上ひさしの遅筆ぶりは有名です。舞台が開いているのにまだ完成しないと言った常識はずれの遅れにも、劇団員から文句が出なかったそうですが、それは井上ひさしが怠けているためではないことが分かっていたことと、遅れに遅れた脚本がこれしかないという完成度を持っていたからだといいます。

* *

俳句や短歌がそうであるように、よくできた要約には、原文など原世界の持つエネルギーを凝縮した力があります。逆に、要約文でなくても、要約力のある人が書いた文章は明晰で力がありますが、楯の半面なのでしょう。実は文章を書くということは素材を要約することですから、文章力のある人がよい要約のできるのは当然なのです。ですから、要約力をつけるためには、文章力をつけること、すなわち明晰なよい文章を沢山読み、そして沢山書くことに尽きるはずですが、意図的な方法としては、元の文章を定められた字数（二〇〇字、五〇〇字とかペーパー一枚）にまとめる練習をするのがよいようです。公刊紙のコラムの担当はとてもよい訓練になるはずです。印刷されると、不出来ぶりがはっきりして身にしみるからです。

第四章　まず遊ぶ

——裁判は音楽の状態に憧れる——

まず遊ぶ

裁判官になって数年目に、先輩裁判官から「まず遊ぶ」ということを教わりました。裁判官の仕事は忙しく、事件のどの一つを取り上げても個性があって難しい。一所懸命にさえやっておればいつかは仕事が終わるというものではない。仕事が終わってから遊ぼうなどと思っていると、いつまでたっても遊べない。それではいつも仕事だけをしていることになって、肉体や精神が枯渇してしまう。だから仕事を成し遂げてから遊ぼうという考えを捨てて、「まず遊ぶ」と考えることが大切なのだ、というのです。

その先輩裁判官はというと、人一倍仕事をこなしておられるうえに、いつも快活で、エネルギーに溢れておられ、仕事以外でも法律関係の立派な論文をいくつも書いておられるし、語学でも、聞く、話す面を含めて堪能です。それでいて、室内でも室外でも実によく遊ばれるのです。その秘訣が「まず遊ぶ」にあるもののようでした。

*　　　　　　＊

裁判は、人の生命、財産、運命に直接かかわる影響の大きなものです。頭と神経を使いますし、体力と精神力がなければ長続きしません。裁判官の数は戦前と比べてもそんなに増えていないのに、事件は多くなる一方ですし、国際化も含めて社会や法律が変化する度合いが激しく、ますます複雑になっていきます。権利意識の高まりもあって解決の困難な事件が多くなっています。必然的に自宅に仕事を持ち帰り、夜も休日もなく書面に向かうことが常態になるおそれがあります。また新規の複雑な問題を見通し正しく捌くためには広い視野が必要ですから、日頃から教養を深めておかなければなりません。裁判官には「知らない」「分からない」「できない」が許されませんから、裁判官の仕事の難しさと忙しさはいつの時代にも変わりがないのでしょう。

私が裁判所に入った昭和三四年頃には、大都市の裁判所には宅調日というものがあって、裁判所に出るのが月水金なら、火木土は自宅で仕事をします（この反対のサイクルの裁判官が同数います）。出勤日が法廷を開く日になります（この態勢ですと法廷と執務室が半分ですむことになります）。昭和四二年頃に勤務した東京高裁では、法廷が足りないため開廷日は水曜日と土曜日だけということがありました。土曜日も終日法廷を開くのです。すると自宅には週のうち五日もいることになり、記録を車で運んでもらって（宅送と言っていました）、ひたすら記録を読み、また判決起案をします。

土曜日の午後は、大きな建物の中に私の部署以外は誰もいないのですから、廊下などで何か鬼気せまる雰囲気を感じたものです（今ではこういう執務環境は改善されています）。

＊　　＊

このような執務の常態からすると、直接仕事に捧げない時間を効率的、規則的に作り出す工夫を続けないと、肉体的、精神的レベルを望ましい状態に保つことができなくなるおそれがあります。

その頃開業直後の地下鉄日比谷線の霞ヶ関駅を利用して通勤していましたが、この駅のプラットホームは上下線共用なのに幅が狭く、ラッシュ時には人があふれているところにすぐに後続の電車が入ってきます。ですから、降客をすばやくホームの外に出すことがこの駅の至上命令で、駅員が「エスカレーターでは前を空けないで詰めて乗ってください」と叫びづめでした。一人空けて乗るのと詰めて乗るのとでは、それだけで単位時間内の輸送量が二倍違います。これは実に簡単な計算なのですが、今でも見ていると、どんなにエスカレーターの手前が込んでいても、自分が乗る番になると一段空けて、時には二段空けて乗る人の多いことに驚かされます（実は詰めて乗るためには、前の人も後続の人が詰めて乗れるように配慮して乗る必要があります）。

＊　＊

詰めて乗るという心掛けは簡単なことなのですが、簡単な心掛けで二倍、とまではいかなくても能率のより高い仕事ができる方策があるのではないかと気づきました。

仕事で「詰める」ことは、そのつもりになれば簡単です。仕事の着手にぐずぐずしない。自宅であれば朝八時には机に座ってすぐに仕事にとりかかる。文章起案の途中で中断せざるをえないときには、中断時に頭に在った起案プランや続きの文章（必ずあるはずです）の要点をメモしておく（続行するときには中断時の頭の状態を思い出さなければなりませんから、続行を開始してペースを上げるのにある程度時間がかかるものですが、このメモがあると頭が中断時の状態にすぐに戻り、いきなりダッシュできます）。その他もろもろの「詰め」を心掛けるのです。おのずから根気を詰めることになり精神もハイになりますから能率が上がりますが、夕刻ともなると頭が疲労してしまいます。その時はさっと仕事をやめて読書や運動等の「遊び」をするのです。いつもこういう「詰め」をしていると、夜や休日はかなりの確率で自分の時間になるはずです。

私は「まず遊ぶ」を文字どおりには実行できませんでしたが、こうやって捻出した時間を「遊ぶ」ことも、次の仕事には先行しますから「まず遊ぶ」という範疇に入るのではないかと思ってきました。そして大きく見ると、仕事と遊びがリズム立つことになります。「人間はリズムによって生きています。リズムは速度を生み、質量をともなった生活習慣をつくります」（外山滋比古『忘却の力』（みすず書房、二〇〇八年）六五頁）。このように質量を伴う動きがあると、慣性の法則が働いて速度を維持するエネルギーはそれほど要らなくなる筋合いです。つまり、一旦リズムをつくり上げると、あとは労せずして仕事にも遊びにも集中できるのです。件の先輩裁判官を始め優れた法曹には、そのたたずまいや言動にリズムがあり、ある重いものが、特に力をかけずに慣性のもとに動いているように感じられるのはその現れではないでしょうか。

若い人たちこそ余暇を作り出して読書を含む「遊び」をしてほしいのですが、異口同音に返ってくるのは「忙しくてその時間がない」という答です。しかし、「忙」という字は「心」偏に「亡」と書くことから明らかなように、心の無い状態という、おそろしい状態であることに気付いてほしいと思います。よく読書をする人は例外なく、忙しい時ほどよく読めると言います。多々益々弁ず、ということでしょうか。

裁判は音楽の状態に憧れる（その一）

一九世紀のイギリスの文学者ウォルター・ペイターに「すべての芸術は絶えず音楽の状態に憧れる」という言葉があります。芸術にはすべて、他者のジャンルに入っていこうとする「他者指向」があるが、音楽は芸術の中でも、典型的、理想的で、完全だから、すべての芸術が音楽を指向するのだ、と説明します。音楽家の我田引水的発言ではなく、よく引用もされますから、賛同者の多い言葉といえるようです。なお、一九世紀の言葉ですから、とりあえず一七世紀から一九世紀にかけてのバッハ、モーツァルト、ベートーベンからマーラーに至る音楽を念頭におくことにします。

古代ギリシャの昔から、西欧の音は数学的に構成されていることが認識されていて、例えばオクターブは音の周波数（波長）が二対一になる関係の音であり、オクターブを七音階に分けて、各音の高さ（周波数）を複数の音がよく解け合う協和音になるように数学的に決めるなどの工夫をしてきました（日本固有の音階は五音階で、協和音には冷淡です）。楽曲の構造にも（後述するように）論理的性格を与えました。数学の世界は宇宙の秩序を現しているという考えが基本にありますから、音楽も宇宙の秩序に従っていると考えられてきました。音楽は、細部が精妙に調和して広く深い世界を造りますが、この仕組みは思想のそれと同じです。実は裁判も同じ仕組みになっているのです。

内容はというと、バッハらの音楽は、人生の喜びと悲しみを表し、楽園を示し、深淵をのぞかせ、宇宙もかくやと想像させます。心身を活性化させ、精神の容量そのものを大きくする作用までありま す。内部には感情の複雑で細やかな情緒の動きに通じる万華鏡のような美が満ちていて、それらがあたかも錦が立体的に織り上げられたようになって壮大なものにつながります。時間的な経過に伴う変化を折り込めますから、表現は四次元に広がります。ここには、感情のすべてと宇宙のすべてがあり、それらが入り交じっていますが、秩序だった美しさがあります。

また音楽には、時や言葉の違いを越えて鑑賞が可能であるという長所があります。

絵画にしても彫刻にしても時間を表現できませんし、文学は時間を表現することは得手としますが、普遍性のない言葉に頼らなければならないという制約があります。その点音楽には上記の完全性があって、無限の可能性があると憧れられるのでしょう。

* *

優れた音楽家が音楽の実技に秀でているのは当然ですが、実は音楽家には優れた文章家や良い話し手が大勢います。作曲家では武満徹、指揮者では岩城宏之、小澤征爾、ピアニストでは中村紘子、青柳いづみこ等いく人でも挙げることができます。論旨が明快で、分かりやすく、情趣やユーモアにも富んでいて、惹きつける魅力があります。

何故でしょう。まず、内容に精神の豊かさと闊達を、表現にリズムを感じさせます。これらは音楽の持つ性質の現れなのでしょう。次に、「惹きつける魅力」は、もともと音楽家は聴衆を掴むことを身上とする専門家であることと関係があると思います。三つ目に、「論旨の明快」ですが、音の成り立ちの論理性の上に、楽曲の構造そのものの論理的性格があり、音楽家の頭脳も論理的なのでしょう。感覚的にすぐれているだけではないはずです。

構造の論理的性格について一例を挙げると、交響曲などの楽曲の代表的な形式にソナタ形式があります。この形式は、その曲の主題になるメロディーを示す提示部（基本は第一主題が勇壮なら第二主題は優美という風に、性格を異にします）から始まって、それらをからませたり発展させたりする展開部（私には弁証法的展開のように思えます）、再び主題を回帰させる再現部、そして最後にまとめる終結部（一つの劇的な物語がある結末を迎えることになります）という論理的な構造になっています。これは文章の起承転結を思わせます。起承転結という形式は、書き手が自分の言いたいことを過不足なく読み手に伝えるのに便利な形式なのです。

＊　　＊

以上のことだけでも、異なった主義、主張を持つ当事者を納得させることを目的とする裁判が、音楽の持つ特性に憧れる理由があるのですが、それだけに留まりません。

裁判は、法律を具体化するものです。法律は、大体が西欧の法に根源があり、明治期に日本に移されました。ローマ法などの体系があり、壮大精緻な構造を持っています。法律家はこの大局観を持っていなければ個々の問題で正しい論理の選択ができません。

そして裁判は、微細な要素を積み上げて事実を確定し、それに法という衣装を着せる作業で、そうして出来た全体像が上記の法の壮大精緻な体系の中に正しく位置することを目指します。音楽が宇宙の秩序に従っているように、裁判もある大きな秩序に従うことで、安定し、納得を得られるのです。法廷は、意見対立の場です。この対立があるから紛争が生じその解決の方途を探る場が法廷だからです。そこで交わされる書面や発言や発問には、リズムのあることが有用です。リズムはイデオロギーや立場を越えて浸透し、音頭歌手による音頭がその場の人々すべてを酔わせ踊りに誘うように、場を支配する力を持つからです。そのためかどうか、優れた法曹はこのリズムを持っているようです。

そして法廷では、協和するものとしないものが提出され、適切な整理により協和するものが多くなりますが、それでも協和しないものは残ります。作曲では協和音ばかりでなく、不協和音をも使って効果を出すように、この協和するものとしないものをうまく処理すると、あるまとまったものに転化します。このまとまりは、もともと対立そのものにエネルギーがあった訳ですから、当然にエネルギーを持っており、事件に応じて、一定の方向へと向う流れが生じます。事件の「すじ」などと言われるものですが、それを音楽になぞらえると、ハーモニーに支えられたメロディーと目してよいでしょう。そのメロディーに当事者の双方が耳を傾けると、その事件は双方が満足する和解で解決するはずです。

そのほか音楽には、均衡、調和、完璧、明晰、まろみ、繊細、重厚、精力等々裁判にとり大切な特質がふんだんにあります。もともと裁判は「清く、正しく、美しく」を理想とするものですから（（注）第一章三二頁「清く、正しく、美しく」）、すべての芸術と同じように、音楽の状態に憧れる十分な理由がある、というのが私の観察です。

裁判は音楽の状態に憧れる（その二）

前回の随想で「裁判は音楽の状態に憧れる」という文章を書きました。これは、イギリスの文学者ウォルター・ペイターの「すべての芸術は絶えず音楽の状態に憧れる」という言葉に想を借りたもので、その理由としていくつかの根拠を書き連ねたのですが、かつて言われたことのない発想ですから、理由として挙げたところそのものにはご理解を得られたとしても、「音楽の状態に憧れる」という結論には、イメージが湧きにくいとか、ストンと胸に落ちないと感じる方がおられるかもしれないとおそれます。

最近「裁判が音楽の状態に憧れる」ことについてのイメージを掴んで頂けるような演奏会に接しましたので、紹介します。

それはタリス・スコラーズというイギリスのア・カペラ（無伴奏）で歌う古楽合唱団の演奏会でした（二〇一三年六月八日兵庫県立芸術文化センター大ホール）。ルネサンスの教会音楽の第一人者であるピーター・フィリップスが四〇年前に創立し、指揮をしています。ルネサンスの教会音楽演奏で世界最高の合唱団と言われています。ルネサンス当時の音楽の協和音は純粋、清浄、透明で、フラ・アンジェリコ（一三八七〜一四五五）の絵（例えば「受胎告知」）を観るように、天上の音楽とはこういうものかと思わせるものがあります。

私が聞いた時は、ソプラノ四、アルト二、テノール二、バス二の一〇名で構成されていました。グレゴリオ・アレグリ（一五八二～一六五二）作曲のミゼレーレを例にとります。

この曲は、ローマ法王がシスティーナ礼拝堂で行うミサのときにだけ用いられ、その楽譜の持ち出しは厳禁とされる秘曲でしたが、一四歳のモーツァルトがシスティーナ礼拝堂で一度聞いただけで楽譜化した（もう一度聴いて細部の修正をしている）というエピソードのある曲です。私のような素人が聞くと、凄い和声だなと感じるだけで、何声から成っているのか分かりませんが、なんでも最高で九声部あるのだそうです。一三分位の曲ですが、一度聴いただけでその成り立ちを即座に頭に刻印してしまうとは、なんということでしょうか。モーツァルトの天才性を示す最高のエピソードの一つです。

＊　　＊

最初は、一〇人が舞台に並んで歌っていましたが、休憩後の一曲目がミゼレーレでした。舞台に五人、三階の観客席正面の左端に四人、一階の観客席右端の中央に一人と分かれて、それぞれの場所から歌います。つまり三方から音が出る仕掛けになるのですが、その音が立体的につながる感じで、私の席は一階の前から八列目の中央付近でしたから、舞台と（私からみて）左後方上を結ぶ斜めの線のあたりに、雲間から射し込む一条の天光のように、斜めに音の束が浮かんでいると感じました。その感覚は瞬間ではなく、持続しました。物理的な音響としては前方と左後方上の二つの音源から出る複数の音波が和音を構成して、直接又は（ホールに反射して）間接に私の耳に達した時に聞こえることになりますが、それが短絡して二つの音源を直接結ぶ音の流れがあるような錯覚が生じたのかもしれません。また、特定の気象条件のときに瀬戸内海のすべての空気が夕日で染められて空間そのものが真っ赤になることがあるように、音がホールに満ちている感じがいたしました。

ア・カペラで歌うと、音の純粋性が保たれますし、この一〇人は声を震わさないノンビブラート奏法で歌いますから、音の波長に上下の揺れがなく、ピーンと弓弦を張ったような芯のある音になります。それらが精妙にして透明な協和音でつながりますから、実に美しく清らかで深味のある世界が現れます。フォルテ（強奏）も迫力と美しさに満ちていて印象深いのですが、ピアノ（弱奏）の美しさといったらなく、特にディミヌエンド（次第に弱く）で曲が終わる時の澄んだ美しさには、音が消える瞬間まで生命力が保たれていて、人生の終わりはかくありたいと思わせるものがあります。

＊　　＊

キリスト教は、イエスのころは論理性の強い宗教ではなかったのですが、後世の指導者達がギリシャの論理哲学を取り入れて、論理性の強い宗教になりました。それとともにギリシャ的な論理の構造を持つ西洋音楽を保護し宗教行事に利用しましたから、西洋音楽は世界をリードするまでに発展しました。実は、このキリスト教の論理的性格が西欧の文化や科学の礎になり、世界をリードする文明に発展させたとつながります。

宗教行事で用いられるこの曲の秘儀などは、神秘的効果があったことでしょう。特にシスティーナ礼拝堂で立体的な演奏を聴くと、信者は失神してしまうかもしれません。有難味をいや増すために、秘曲にされていたのかもしれません。

＊　＊

本論に戻りますが、裁判の理想は、法の支配を世の中にあまねく行き渡すことです。この世の出来事の一切が法の定めるところに従っていることが近代国家の理想で、そこに健全な社会が築かれる礎があり、個人の幸福、福祉が実現されるという考え方です。よく知られているように、実はこの考え方は、西欧の文明にその源があります。

根本には憲法があり、それを受けて法律や条例が多くのことを定めます。これらの法典を集めた法令全書は膨大なものになりますが、それでも世の中のことすべてを律することはできません。日々行われる裁判で、個々の事項を細かく定めていくのですが、そうした営みにはある展望、理想がなければなりません。

一つの例として、なんでも取り込みながらしなやかさと細やかさを失わず、全体として調和があり、構造そのものは論理的な強固さを持つ音楽の世界をイメージとして持つことは有用で、それは例えば、システィーナ礼拝堂でのミサのときに用いられるミゼレーレの醸し出す、礼拝堂に満ちる音楽の響きのようなものではないでしょうか。それは単に響いているだけではなく、協和音として、大きく、美しく、深いものを現しており、憧れの対象であり、説得力と感銘力に富んだものなのです。宗教的に価値ある世界ですが、宗教を離れてみても、法の世界が、そのように整然としていて温かく、なにもかもを包み込む世界を現出できるとしたら、すばらしいことではありませんか。

これが、裁判が音楽の状態に憧れるということのイメージの一つです。

バイオリニスト諏訪内晶子を育てたもの

諏訪内晶子は、九〇年に三大コンクールの一つであるチャイコフスキー・コンクールで、最年少一八歳、日本人初の優勝をしたバイオリニストです。大コンクールの優勝者ですからその演奏家人生は洋々たるものと見込まれましたが、優勝直後に凱旋公演を少しと以前に契約していた公演をしただけで、以後一切の公演を断り、ニューヨークのジュリヤード音楽院に留学し勉強に専念しました。「コンクールは一つのステップであり、自分は何も変わっていない」という冷静な認識があって、一八歳ではまだまだ勉強すべきことがあるというのがその理由でした。ジュリヤード音楽院はコロンビア大学と提携していますから、そこで音楽以外の勉強もできるのです（政治思想史を学んだそうです）。

若いのにしっかりした考えを持つ人だと感じ入り、丁度その頃にあった司法修習生の（裁判所等での）実務修習終了式で、この話をして「司法試験に合格した、修習が終わったというだけで一人前になったと思ってはいけない。諏訪内晶子の例もある。じっくり質の高い勉強を続けてほしい」と挨拶しました。

＊　＊

そんなこともあって諏訪内晶子のその後の成長について関心を持っていましたが、留学を終えた九五年に再デビューして成功しました。彼女は、演奏家としての真の評価はプロフェッショナルならではの至芸を聴かせ続けることでしか得られないことを最初から熟知していた音楽家でしたし、世界の舞台でプロとして通用するためには「一〇〇%の準備ではダメ、一二〇%でも足りないくらい、二〇〇%準備してようやく聴衆を納得させられる」と考えているのです（諸石幸生、諏訪内晶子のCD、UCCP 9635のライナー・ノート）。

最近、オモラ指揮ロイヤル・ストックホルム・フィルとの共演で、ブルッフのバイオリン協奏曲第一番（二〇一〇年二月二八日兵庫県芸術文化センター大ホール）、ゲルギエフ指揮ロンドン交響楽団との共演で、シベリウスのバイオリン協奏曲（二〇一〇年一一月二三日ザ・シンフォニーホール）を聴く機会がありました。

一言で言えば、すばらしい、華も実もある音楽家だと実感しました。使っているバイオリンはハイフェッツが愛用したストラディヴァリウスだそうです。バイオリンが胴鳴りするようなエネルギー溢れるねぶとい音から甘美きわまる繊細な音まで、時には明るく時には暗く、千変万化する美しい限りの音色を持っていますし、音が豊麗強靱で、一流オーケストラの大音量にも埋没しない存在感があります。多彩な音色に乗って紡ぎ出される音楽も極めて質の高い説得力のあるものでした。甘美な旋律で好まれるブルッフが豊富な曲想に満ちた情感豊かな曲であることに認識を新たにしましたし、シベリウスでは北欧の暗い霧の中から尋常ならざる何かが立ち上がってくるように感じました。いずれの演奏会でも、聴衆は私も含めて魅了され尽くしたのです。舞台マナーも堂々としていて、奏でる音楽ともども、カリスマ指揮者と言われるゲルギエフと対等に渡り合う大家の雰囲気すらありました。しかもなお発展途上にあるのです。

＊　＊

サイトウ・キネン・オーケストラは、日本一の音楽指導者と言われた（吉田秀和の言）斎藤秀雄（一九〇二～一九七四）を記念するために、教えを受けた小澤征爾らが作ったオーケストラです。門下生（主に弦楽部門）を中心とする音楽家が世界中から毎年夏に松本市に集まり演奏会を開きます。欧米に演奏旅行することもあり、CDも沢山出しています。一時的に編成されるオーケストラなのに、構成員が世界的な名手ばかりで可能性が高く、同じ門下生として同じ土台に立っているうえ小澤征爾の指導もあって、一流オーケストラと並んで世界的な評価を得ています。十分な報酬が出ている訳ではないのに、自発的な演奏に参加して極上の音楽をつくる喜びがこのオーケストラを支えているのでしょう。

斎藤秀雄は、若い頃に二回ドイツに留学していて、チェリスト、指揮者として活躍していましたが、四八年に「音楽は子供の頃から身に付けなければならない」という信念を実践するために、井口基成、吉田秀和らを説いて一緒に「子供のための音楽教室」を開き、それが現在の桐朋学園大学を頂点とするグループに発展しました。桐朋は世界に通じる演奏家を輩出していることでも知られています。斎藤秀雄は終生指導者を務め、桐朋の音楽理念の主唱者、実践者であったのです。

小澤征爾らその教えを受けた音楽家はよく「斎藤先生がこう言われた。斎藤先生が、斎藤先生が……」と言い、弟子に与えた影響が大きかったようですが、その実像の一端は『斎藤秀雄講義録』（白水社、一九九九年）すでに一二刷を数えます）で垣間見ることができます。この本は、斎藤秀雄が晩年に広島での「子供のための音楽教室」でした講義のテープを基に小澤征爾らが編集したもので、後進に真の音楽を伝えようという情熱が感じられる本です。西洋のような音楽の伝統や環境のない日本では、言葉から遠く離れた存在である音楽でも、その神髄を伝えるには言葉によるほかないとの考えのもとに、音楽を言葉で語るという難事に挑み、成功しています。多用される比喩が適切で楽しく面白く、素人の私が読んでも、斎藤秀雄の言いたいことが実像をもって分かるように思います。例えば、人間の感情を表現するためにシューベルトらのロマン派が生まれたが、ロマン派の表現方法を知る由のないベートーベンは古典派の方法によって感情を表現する。だからその表現は「われ汝を愛す」といった漢文で綴られた恋文のようなものだ、などと言います（だから演奏では現代文に訳さなければならないが、古典派からくる限界はある、ということになるようです）。いつもこういう話を聴いていた弟子は深い影響を受けたことでしょう。

*　　　*

諏訪内晶子も桐朋の出身者です。年代的に斎藤秀雄から直接指導を受けるには間に合わなかったようですが、間接的にはその影響を受けて音楽家としての修養をしてきたに違いありません。なにしろ桐朋には斎藤イズムが満ち満ちているのですから。

この講義録によると、シベリウスのバイオリン協奏曲は当時、陸続きのソ連に侵略され続けていたフィンランドの恐怖が表現されているというのですが、諏訪内晶子の演奏から立ち上がっていると感じた上記の「何か」は「恐怖」であったのだと合点が行きます。それはノルウェーのムンクの絵画「叫び」に通じるものでもありました。

味覚三代

「江戸っ子三代」に似た言葉として「味覚三代」という言葉があります。本当に優れた味覚を獲得するためには、三代を経る必要があるという意味です。子Aの味覚を磨くためには、Aの幼少時から味のよい物を食べさせていることが必要ですが、その前提として、親B自身に正しい味覚がなければなりません。Bの味覚を磨くものはやはりBの親Cですが、一代目のCが才能とか努力とか機会に恵まれたとかの、なんらかの方法によってそれなりの味覚を身につけることが出発点になるのでしょう。

味覚は舌が主人公で、眼（視覚）、耳（聴覚）、鼻（臭覚）、皮膚（触覚）とともに五感の一つですが、単独で活躍するだけではなく、料理の賞味に際しては、食材の色や取り合わせとの配色、器との調和を感じる視覚と深く関係します。それだけではなく「パリパリ」、「シャリシャリ」といったものを噛むときの音を聞く聴覚、料理の匂いに関する臭覚、料理の肌触りを感じる触覚と協働してこそ味わいが深くなるのです。

実はこの「味わい」という言葉そのものが、「味わいのある」人とか文章というように、味覚の「味」から離れて、物事のおもむき、おもしろみを示す意味も持っていますし、英語でも「味」を示す「taste」は、好み、嗜好や審美眼、鑑賞力、センスの意味も持ちますから、洋の東西を通じて同じように把握されていることが分かります。

「目は一代、耳は二代、舌は三代」というのも同じことを言っています。味覚はそれほどに微妙かつ高度のものだということです。おそらく茶の文化を始めとしていろんな嗜みとともに開発されていく感覚なのだろうと思います。しかし根本には、絶対音感に似た鋭敏な味の感受力を開発しておかないといけないのでありましょう。絶対味覚という言葉があるのかどうか知りませんが、そのような感覚と受け止めてよいものがあるように思います。この物理的な意味での鋭敏な感覚とともに、修養、教養によって高められる真正の味覚を身に付けるためには三代を必要とするということなのでしょう。

＊　　＊

以前京都地裁所長として、京都市上京区にある所長宿舎に住んだことがあります。この宿舎は、京都御所南面にある建礼門の前にあった有栖川宮邸（江戸時代）の主要部を明治二〇年頃に京都御苑の外（下立売御門の前付近）に移築した文化財的な建物でした（以来ずっと所長宿舎として利用されてきましたが、最近女子教育の学校法人に売却されました。しかし建物はそのまま保存され、学校が茶道等の教育に使わない時期に、有料で一般公開されていて、市内観光バスも立ち寄っています）。当然上京の住民になりましたから、誘われて何回か上京区民の集いに出たことがあります。

この集いは、春秋に茶会をし、夏に薪能をし、住民が千円程度の参加費を支払って参加するというものですが、茶会は上京区にある表千家、裏千家が交代で担当し、能や狂言の演者も上京区居住の家元的な人が演じ、場所は大徳寺、相国寺等の神社仏閣で行う、つまり一流の人や場所を全部上京だけでまかなってその催しをするのです。今でこそ薪能は各所で行われていますが、この催しが流行のさきがけだったそうですから、大した文化事業だと感心し、そしてまた上京の住民がこれらの催しを心待ちにし、楽しんでいる様を見るにつけ、それでこそこうした催しが盛大に続いていくのだと感じたものです。

そうした折りに、上京の住民から「上京に住むには七代前に感謝しろという言葉がある」と聞いたことがあります。文字どおりの意味に加えて、上京の人として折り目正しい挙措ができ、また人からも認められるためには七代位経ないといけないという意味もあるのでしょうか。江戸っ子三代とか味覚三代でもなかなかのものなのに、なんと七代とは。さすがに京都だなあと恐れ入ったのでありました。しかしまた、こうした上京の催しやそれを心から楽しんでいる人々を見るにつけ、文化の厚みが脈々と受け継がれていくにはそれだけの素地がなければならないのかもしれません。

＊　＊

法曹三代などという言葉はありません。法曹になるために幼少時から特化して開発されなければならない資質といったものはないからです。いやむしろ子を法曹にするために幼少時からそのための勉強をさせるなどということは百害あって一利なしです。

しかしながら法曹の仕事の対象は人と社会です。これらは複雑きわまるもので、分かることが至難である上に、その中で生じた紛争をうまく解決することが法曹の役割ですから、かなり複雑で困難な判断と説得ができる資質と能力が必要です。そのようにして出される判断が関係者に受け入れられてこそ、人や社会が安心安定するのです。

こういう高度の判断をする資質、能力を獲得するには、一代だけではやはり無理で、上記の三代とかにも似た伝承を必要とします。ですから法曹は優れた先輩からいろんな面で人的な伝承を受ける必要がありますが、誰もがその機会に恵まれるとは限りませんから、物的な伝承を模索することを欠かせません。それとやはり基本的には、伝承の必要性を心から認識し、これへの強い憧れを持っていることが大切です。

法曹の物的な文化財というと、やはりいろんな事件を扱うことで積み重ねられた裁判例です。これを研究することで物的な伝承が得られるはずなのですが、学者が行う判例研究、判例評釈は、主として法理論研究、批判で、当然目線は上からか、少なくとも水平です。ここで大切なのは、判例の法理論を批判するというよりも、判例に潜んでいる諸々の知恵を、下からの目線で学ぶことなのです。以前「判例輪読会」と名付けた、若い裁判官らとの勉強会に参加していたことがあります。このネーミングは熟したものではありませんが、いわゆる判例研究とは違うということを形の上で明確にするためのものでした。

最高裁判例を対象とするときは、一審判決からの経過や事実関係を把握し、どういう事実関係や争いの実情の中から、各裁判体がどういう比較較量のもとに結論を導いたかをフォローしたり、推理することで抽出されるであろう裁判の知恵の全体を、もしその知恵に至らなさがあればそれをも学ぼうというものです。当然ものの見方や事実認定の仕方を始めとして、社会・経済・政治現象やその変遷、また関係者がどんな人かといった、人に関するもろもろのことをも併せて議論しなければなりません。その際には、事案とその背景を見通して、そこから知恵を読み取る力のある経験豊かな法曹が助言者を務めることが大切であると思っています。

本音と建前 ——先代鴈治郎の富樫——

今年（平成一六年）七月の大阪松竹座は、一一代目市川海老蔵の襲名披露でした。私は夜の勧進帳を観たのですが、弁慶を海老蔵、富樫を仁左衛門、義経を鴈治郎が演じました。弁慶は、大きさと華があり、迫力に満ちていて、楽しめました。富樫も義経もよく、充実した勧進帳であったと思います。

勧進帳を観ると思い出すのが現鴈治郎の父である先代鴈治郎の富樫です。先代鴈治郎は、暖かく、柔和で、春風駘蕩とした芸風の持ち主でした。その時の弁慶は先代松緑、義経は（先代）勘三郎でしたが、番付で確認しますと、昭和三七年一二月の京都南座での顔見世であったようです。

＊　　＊

頼朝に追われた義経が、家来の弁慶や四天王とともに東大寺の勧進と称し、山伏に身をやつして奥州へ落ちる途中、安宅の関で関守の富樫の取調べを受けます。富樫はすでに情報を得ていて、一行を義経らと疑い、厳しく詮議します。

ここで富樫と弁慶の間で行われるやりとりが有名な山伏問答です。迫力と緊張に富み、リズムのある名場面です。関所手形の代わりに勧進帳を読むことを求められ、弁慶は白紙の巻紙を一気に読み上げます。弁慶の機知で一旦は関所の通過を許されますが、強力姿の義経が上品すぎて強力に似つかわしくないと見咎められたので、弁慶がやむなく義経を杖で折檻し、修養の足りなさを責めます。すでに富樫はその強力が義経であることに気付いていますが、主人を杖で打つという弁慶の苦悩、熱誠に感動して関所通過を許します。

これが勧進帳の粗筋ですが、大方の演出では、弁慶と富樫の気迫が同等にみなぎっていて、山伏問答などに緊張感があることが大切とされ、富樫が義経一行を見逃すのは弁慶の心情に感動し、同情してのこととされるようです。そして富樫は情けのある、天晴れな武士として受け止められ、英雄扱いを受けます。舞台でも上手から堂々と登場します。身なりも立派で、美しい。

七月の大阪松竹座の勧進帳もこの演出によっていて、仁左衛門は、りりしく、覇気のある富樫を演じていました。

＊　＊

ところがこれには、劇評家としても知られている三宅正太郎元大審院判事の異論があり、「能の富樫は着付からしても郡長程度の貧弱さで、義経主従をあくまで疑い、極力阻止せんとするが、弁慶等の猛烈旺盛な志気に抗しきれずやむなく関を通すのであって、温かい道義心で関を許すのでもなんでもない。その由来からいっても、富樫を無批判に英雄にすることは戯曲の性格を曖昧にするばかりだ」現今の演出では、富樫は「私情のために主君の大事を誤るうろたえ武士」になる、と言うのです。

私が、先代鴈治郎の富樫を観たときに頭に浮かべたのが三宅さんの右の文章でした。裁判官になって三年目くらいでした。先代鴈治郎の芸風のおもむくところ、基調において柔らかい富樫になり、松緑弁慶の「猛烈旺盛」に圧倒されるようなところがありました。とはいえ、それは演技力に差があってのことではなく、役柄上圧倒されるというものでありました。

今までに随分沢山の勧進帳を観ていますが、先代鴈治郎流は、後にも先にもこれだけであったように思います。それだけに却って印象から去らないのです。

＊　＊

理詰めでは三宅さんの言われるとおりです。司法官が私情で犯人を見逃すなどということが法の世界で許されるはずがありません。しかもそのような違法行為をした富樫を国民があげて英雄扱いするなどとんでもないことです。

しかしこの勧進帳は、江戸以来現在に至るまで、人気狂言の第一として演じ続けられているものでして、ここには江戸町民の、そして現在の庶民の気持が反映しているとみて差支えないでしょう。

私はここに、本音と建前を使い分ける日本人の法意識をみることができると思うのです。判官びいきと言われるものですが、法は法としてもその運用には人情味を求め、ときには法を無視すべしというのです。

しかしそうはいっても、日本人が法の運用に関して無定見に本音ばかりを求めているのではないと思います。というのは、義経は結局討伐されたか、行方知れずになって頼朝にとって無害だったからです。もし義経が頼朝を倒すようなことがあったとしますと、富樫の違法行為は重大で、無視できなくなりますし、そもそも判官びいきという言葉もできなかったことでしょう。

私たちは、本音と建前を使い分けるといわれますが、本音にも一定の限界を設けているような気がします。つまり判官びいきが許される世界であるという見極めをつけたうえで、安心して富樫の違法行為に拍手を送り感動しているのではないでしょうか。

私もやはり、普通の演出による富樫に拍手を送る一人ですが、右のような説明を加えておけば、法律家が違法行為に拍手を送ることを許してもらえるのではないでしょうか。

歌舞伎のしたたかさ

歌舞伎は「日本版のオペラ」と言われることがあります。歌舞伎には義太夫、長唄、清元などの音曲が、単なる伴奏に留まらず劇の構成に不可分のものとして加わっていますから、オペラに似た要素があって、こういう比喩がされるのですが、オペラと歌舞伎は、発展史的には正反対の性質を持っています。

オペラは、もともと王がその威勢を誇示するために発展してきたもので、王が歌劇場を造り、興行を主催しました。劇場の平土間が民衆に開放され、桟敷は貴族の社交場として利用されました。当然より豪華なものが求められましたが、王制がなくなってからもそのＤＮＡはオペラの中に生き続け、今でも入場料収入ではとても採算がとれない豪華なオペラが、恒常的な公的支援や企業等の支援を受けて盛大に興行されています。

＊　　＊

一方歌舞伎は、江戸時代に阿国歌舞伎から始まって形を整えて行きましたが、江戸時代を通じて幕府からの保護を受けたことは一度もありません。むしろ幕府からの禁圧とか干渉とかの制約を受け続ける歴史でありました。それでも一部姿を変えたりしながら不死身のごとく生き返り、生き残り、発展してきました。その在り様は、明治維新後も変わらず、政府からの庇護を受けたことはありません。現在の定期興行は、東京で毎月二、三カ所、京大阪でほぼ毎月、名古屋、福岡で時々行われており、月二五日位、原則形態は昼夜の二部で上演されます。私が京大阪、時に東京で観るかぎりほぼ満席です。一部の興行について公的な支援がないこともないようですが、運営経費の大部分を興行収入でまかなっていると言ってよいでしょう。

昭和三七年頃上方、つまり京大阪から歌舞伎興行が姿を消したことがありました。上方歌舞伎の衰退と嘆かれたのですが、一三代目片岡仁左衛門（当代である一五代目の父）が衰退を防ぐため、道頓堀の朝日座（もとの文楽座）で費用の全部を自分が持ち仁左衛門歌舞伎と銘打った自主公演を数年間持ったことがあります（当代が前名の孝夫時代に、当たり役になった女殺油地獄の与兵衛を初役として演じたのがこの公演で、大阪に孝夫ありと認められる契機になりました）。意気に燃えた人達が応援に駆けつけ、私も参加しましたが、そんな努力が実を結んで今では京大阪でも興行が盛んですし、歌舞伎界も、その発祥の地であり、上方文化を現に濃厚に保持している京大阪で興行することで必要な養分を摂取しています。

＊　　＊

歌舞伎のこのしたたかさの根本は、民衆の中から出、民衆の好みを取り入れ、民衆に支えられて、伝統を守りながら必要な変身を遂げてきたからといえるでしょう。公的支援に頼らずにきたことがその足腰を強靱にし、民衆の支持を確固なものとしたのです。

オペラもそうですが、歌舞伎も同じで、同じ出し物を何回でも観ることができます。筋とかセリフを覚えているのに、飽きもせず繰返し観るのです。これは映画や演劇にみられない現象です。何故でしょう。特に何回観ても飽きないのが人形浄瑠璃から輸入された義太夫狂言です（仮名手本忠臣蔵など）。それは脚本が優れているからでもありますが、三味線の伴奏で語られる義太夫のリズムが日本人のリズム感の琴線に触れつつ精妙に芝居運びをするからではないかと思っています。歌舞伎の音曲には、長唄、清元、常磐津もあってそれぞれに違いがありますが、いずれも古くから日本人がなじんできた固有のリズムを持っています。それらは、南の島々や大陸から伝わってきたものもあり、天の岩戸の前で天照大神を誘い出すために演じられた音曲とも通じているのでしょうし、謡曲のリズムに入っているものでもあります。民謡でも感じられますが、これらのリズムは長年にわたって日本人を支配してきたのだと思います。あたかも母胎内で羊水にくるまってなじんだような、なつかしい感触を覚えるのではないでしょうか。

セリフも七五調が基本です。和歌や俳句と同じリズムで、これが日本人のリズム感に合い、心地よく響くのです。ですから、覚えやすいし、忘れません。

また歌舞伎には演技の本質を美しく表現する「型」があって、時を超えて伝承されており、観客にも記憶されていて、演技に安定感と安心感をもたらします。ですから、観客も型の比較ができて味わいがより深くなり、同じ演目を何回でも観ることができるのです。そして、歌舞伎界独自の世襲制が歌舞伎の型を核とする演技や演出の伝承を支えています。といって役者は伝統を守るだけではなく、現在の観客を意識し演技や演出に工夫を重ねていて、新鮮な活力を失わないように努力しています。

脚本は基本的には古いものですが、真山青果の元禄忠臣蔵（昭和九年～一六年）のような優れた脚本がいくつも出来ており、歌舞伎も役者も観客もこれらから新しい生命力を得ています。

＊　＊

歌舞伎は今、若い人たちが飛びつくものでこそありませんが（ですから、「歌舞伎鑑賞教室」などで若い人を取り込む工夫をしています）、私はかれこれ六十年位観てきました。と言っても格別の理屈を持たず、力も入れず、ひいき役者も持たずに、漫然と観てきたというのが実際です。それでも長年観ているとそれなりに知識や理屈が蓄積されますし、感覚は磨かれます。そうする内にその中から何か漉されてきたものがあるように思えるのです。劇評家の渡辺保が「歌舞伎の魅力の源泉は、遠い昔から歌舞伎が伝えてきた官能のしたたりである」と言っている（『歌舞伎の見方』（角川選書、二〇〇九年））ことにヒントを得て、その漉されたものが何かと考えてみますと、古くから日本人が持ち続け、共有してきた、空間的・時間的な美（多種、多様、多彩です）や情緒を愛でる感覚に、今この時点で共感する心地よさと心強さであり、共感することへの憧れであると言えるでしょうか。この境地に惹かれて飽きもせずに観つづけてきたような気がします。なお、空間的というのは舞台に広がる大道具、小道具、衣装、役者、型で構成されるもの、時間的というのは音曲、セリフ、所作を中心とする芝居の流れを指します。

そしてこのような感覚は、日本人固有の生きた文化を構成するものでしょうし、日本人としての教養の芯になるものではないかと思うのです。また当代の松本幸四郎が言うように「古いものを分かる人が新しいものを分かる」のではないでしょうか。

第五章　人を育てる、人が育つ

人を育てる

裁判官には転勤がつきものです。新任地に転居して、すぐに必要になるものの一つに理髪がありま す。気に入っている行きつけの理容店から離れなければならないのは、転勤族の宿命なのですが、私が転居してすぐにすることの一つが、良い理容店を探すことでした。納まりのよい理髪をして外観を整えておくことも仕事の一部ですし、良い理容店を持つことはその地になじむ重要な要素になるではありませんか。住まいに近いところから始めて、一軒ずつ試していくのです。

大阪に来て、そうして探した何軒目かの店にS理容店（北区天神橋二丁目北）がありました。普通のたたずまいの店でしたが、清潔感にあふれ、クラシック音楽が流れ、なによりも若い店員が私語もなくきびきび働いていますし、手の空いた者はいつもSさんの理髪ぶりを後ろでじっと見つめているのです。私語が禁止されているのではなく、私語するひまがないのでしょう。店員というより弟子の姿です。ですから店にはピーンとした緊張感がただよっています。

Sさんの腕前も、競技会の優勝は数知れず、日本一になったこともあるというもので、優れたものだということがすぐに分かりましたし、ホスピタリティも一流、それでいて料金は普通でしたので、私の理容店遍歴がS店でぴたりと終わったのは当然です。Sさんの理髪を受けると、仕上がりのバランスがよいためなのでしょうか頭が軽くなったように感じます。理髪直後でも理髪したてと見えず、そのくせ長持ちするのです。カットのSとして有名だそうです。

聞けば、店員はほとんど理容店の二代目、三代目で、親に勧められて修業にきている人ばかり、親子二代にわたる弟子もいるそうです。Sさんも奥さんも、若い人を預かり私生活も含めてきっちり育てるという実践をしています。

理髪の間必ず幸せな時間を過ごせ、その幸せの余光がその日一日残るのが良い理容店だと言いますが、S店はもちろんそういう店です。以来三〇年くらい通っていますが、理容水準は高いままですし、弟子もどんどん育っています。

果たせるかなSさんはその後卓越した技能者として労働大臣から現代の名工に選ばれましたし、黄綬褒章も受章しました。理容技術による黄綬褒章は、Sさんが本邦最初だというのですから、見る人はいるものだと納得したものです。

＊　＊

宮本輝の小説『花の降る午後』（角川書店、一九八八年）に、フランスで超一流のシェフに学んだ料理人が、当時先生に「どうやったら、一流の料理人になれるのか」と聞いたところ、先生はいともあっさりと「才能。努力。愛情。そして、自分よりすばらしい料理人を育てようとする実践だ」と答えた、というくだりがあります。

才能、努力は当然のことでしょう。愛情も料理という性質上そんなものかと納得できます。しかし自分よりすばらしい後進を育てる意欲と実践が必須の要件とされているところは、ちょっと驚きです。これだと、一匹狼的な気むずかしい職人型名人は「一流の料理人」にはなれないことになります。なぜこのようなことが重視されるのでしょうか。

＊　＊

京都には京料理で有名な店が沢山ありますが、手軽で、料理の出るタイミングがよく、料理人が立ち働く姿を見るのも楽しいので、私は（腰掛け）割烹店を好んでいます。そして経験で割り出した私の判別法は、いつも若い弟子が何人かいて、学ぶ姿勢で意欲的に立ち働いている店は間違いなく良いが、名は高くても若い弟子がいない店、若い店員はいても学ぶ姿勢のない、つまり働いているだけの店の味や勢いはいまひとつというものです。若い弟子が暇を見つけては大根のかつらむきなどの練習をしているようなところは、それこそ間違いがなく、そうした店の刺身にはみごとな「けん」がつけられています。

弟子が集まり店にも後進の育成に熱意のあるところは、なにかにつけて新鮮味と張りがあるものです。こうした店では料理人は、客のためにも後進のためにも常に最高の料理を実践することになるのでしょう。その繰り返しが料理人の感覚と腕の水準を保ち、さらに磨くことになるのでしょうか。ついには「一流の料理人」になることでしょう。

理容師Sさんが一流の理容師であり続け、間違いなく成長を重ねているらしいのは、腕前や心掛けもさることながら、料理人と同じく、ずうっと熱意をもって良い後進を育て続けてきたためだといえるのかもしれません。

＊　　＊

しかしこうしたことは芸術家には当てはまらないでしょう。自分よりすぐれた芸術家を育てる意欲をもって芸術実践をしなければ一流の芸術家になれないなんて、矛盾です。この世界では才能と努力がすべてだと思います。

裁判官についてはどうでしょう。広く長く見ていますと、裁判官にも、より良き後進を育てようとする自然な意欲の強い人と必ずしもそうではない人がいますが、どうやら前者の方が、日々の仕事に配慮があり、人間性も豊かになっていくように思います。仕事の場面で後進の指導のために、よりよい実務を見せるという実践が続くためでしょうか。裁判官としてもより豊かに成長して、おのずから困難な事件の多い大庁の裁判長や重い職務に就くことになるように思います。情けは人のためならず、ということろでしょうか。

このようにみると、裁判官は芸術家ではなく、職人の部類に入ることになりそうです。そして実際のところ、裁判という仕事は、証拠を吟味し判決に至るというその成立ちが、料理人の仕事に似ているといえるではありませんか。

人が育つ

ワインの好きな著名な学者K博士とワイン博士ともいうべきH会長と一緒にフランス料理を食べていましたら、当然のこととしてワイン談義になりました。何年のワインが良いなどという話題が出た流れの中で、K博士が「ワインにも出来不出来の年があるようだが、どうも人間にもあるようだ。湯川さんと朝永さんは旧制高校、大学を通じて一緒だった。私の経験でもある年の学生はよく出来るが、ある年の学生はそうでもないということがあった。どうしてそうなのか。何かあるのだろう」と話されました。湯川さんと朝永さんは、卒業後もお互いを意識するよきライバルであったようです。

＊　　＊

木でも、メタセコイヤなどは何本かが群れていないと育たないと聞きますし、松などは一本だけでも育ちますが、集団でいる松は、一本だけでいる松とは違った伸び方をするように思います。集団でいる松は、お互いに助け合うという利点を生かしながら、他方では早く成長しないと日陰の木になってしまうから他の木に負けまいと背伸びをし、根も張らなければならず、結果として太く大きくまっすぐに育つことになるのでしょうか。

同じ木でも、土地によって成長の度合いが随分違うように思います。関東の木は成長がとくに良いようで、これは同じ頃に出来た関東と関西のゴルフ場に新たに植えられた松を比べれば歴然としています。関東の方が一・五倍位成長が早いように思います。街路樹でも、東京と大阪には大きさに違いがあり、プラタナスを例にとっても明らかに東京の方が太く大きいのです。関東ローム層が関係しているようです。つまり地盤の違いからくる成長の差です。井伏鱒二も随筆『荻窪風土記』（新潮社、一九八二年）に「ケヤキの木やムクの木など、こんなに早く茂る土地は関東以外ではどこにあるか」と書いています。日比谷公園の巨木群や千鳥ヶ淵等の桜にもその例を見ることができます。

＊　＊

昔の受験制度では、東大や京大等の旧帝大系を中心とする一期校とその外の二期校に分かれていましたが、何年か前に、たしか受験生に機会を与えるためということで、東大を始めとするグループと京大を始めとするグループに分けるという案が出てきたことがあります。大方の大学が受け入れそうになりましたが、京大法学部が独自に入学試験をするという構想まで出して断固反対を申立てたので、当初の案が、各校とも前期と後期に試験をするということに落ち着き、現在に至ったという経緯があります。

京大法学部がその時、大勢や世論に強硬に反対した理由は、私が聞いたかぎりでは、こういうことであったようです。新幹線で東京と関西が近くなっている現在、当初の案だと最優秀者は自然東大に行ってしまい、京大には二番手がくることになるだろう。それはいけない。何故か。京大法学部の存在理由は、最優秀の学者を擁することにあり、そうして東の学者と並び立ち、東西で切磋琢磨することで、日本の学問水準が保てるのであり、そうしてこそ学問の深化・発展、そして日本の充実がある。また最優秀の学者を擁してこそ、真に優秀な学生を誘引し、かつこれを育てることができるのだ。そして最優秀の学者を育てるには、母体として最優秀の学生がある程度の数いなければならない。たとえ最優秀の資質を持つ人がいても少数では、最優秀にはなりきらない。最優秀者を多人数からなる最優秀グループの中においておいてこそ、真の最優秀になりうるのである、と。

最優秀者でも少数いるだけでは真の最優秀者にはなりきらない、というのは長年の経験からくる知恵なのでしょう。それは、最優秀者同士が競い合うということもあるでしょうが、より重要なのは、法学は高度の常識を基礎とするものなので、競い合いや親睦の中でバランス感覚を磨き、常識を涵養するところとにあるのだと私は考えます。

* *

裁判所は全国津々浦々にあります。そしてそれぞれの裁判所は中央の出先機関ではなく、独立して裁判をしています。裁判では、国民は自分の事件を担当する裁判官を選べませんし、裁判官は担当した事件をその終わりまで担当することになっています。隣にいる裁判官が優秀だから、或いはその問題を得意とするからそちらに移すといったことは許されません。裁判の公平を確保するためです。また優秀な裁判官がどこか大都会にいて全部を指揮すればよいということもできません。これは裁判独立の原則に反します。医者の場合は優秀な医者を患者が選べばよいのだし、医者同士で患者を転医することもできます。いやむしろ医者の方で自ら積極的により適切な医療機関に患者を転医する義務がある場合があるとまで言われています。

ですから裁判所では全国津々浦々に良い裁判官を配置しておかなければならないのです。ここで良い裁判官というのは、学力優秀に特化するのではなく、裁判官として優秀、つまり事件のことがよく分かり、当事者の痛みに共感でき、全体としてバランスのよい判断が素早くできるというイメージです。

おのずから大勢の優秀裁判官が必要になりますから、その母体がなければなりません。そのためにはより大勢の良好集団と人が育つ環境が必要です。特に自然なバランス感覚に富む裁判官が大切ですが、バランス感覚は、よいバランス感覚をもつ多くの人との交わりの中でこそ育まれるものなのです。全国津々浦々の裁判所をいつも最高の人的資源で維持することは困難なことでしょうが、それだけに組織側と裁判官側の絶えざる努力が不可欠です。と同時に私たち国民側も、裁判所のこうした構造からくる困難性を理解した上で、「裁判を受ける権利」を実効あらしめるために、良い裁判官を全国に配置すること、それを可能にするための制度や施策を国と裁判所に求めていかなければなりません。

よい司法制度を持つことは、その国の文化のバロメーターでもあるのです。

人が分かるということ

小説を読むという行為の内容は何かと尋ねられれば、筋や情景や登場人物の人物像など小説に盛られた内容を理解し味わうことだと答えるのが普通だと思います。ところが、文芸評論の神様とも言われた小林秀雄は、そんなところに留まっているのは「無邪気」だと言います。

『読書について』（昭和一四年四月文藝春秋、小林秀雄全集第六巻）というエッセイにその論が載っています。紙幅の関係で要点のみになりますが、抜粋します。

「読書の楽しみの源泉にはいつも『文は人なり』という言葉があるのだが、この言葉の深い意味を了解するのには、全集を読むのが、一番手っ取り早い而も確実な方法なのである。（……）その人の全集を、日記や書簡の類に至るまで、隅から隅まで読んでみるのだ。

そうすると、一流と言はれる人物は、どんなに色々な事を試み、いろいろなことを考へてゐたかが解る。彼の代表作などと呼ばれてゐるものが、彼の考へてゐたどんなに沢山の思想を犠牲にした結果、生まれたものであるかが納得できる。（……）その作家の性格とか、個性とかいふものは、もはや表面の處に判然と見えるという様なものではなく、いよいよ奥の方の小暗い處に、手探りで捜さなければならぬものの様に思はれて来るだろう。

僕は、理屈を述べるではなく、経験を話すのだが、そうして手探りをしてゐる内に、作者にめぐり會ふのであって、誰かの紹介などによって相手を知るのではない。こうして、小暗い處で、顔は定かにわからぬが、手はしっかりと握ったといふ具合な解り方をして了ふと、その作家の傑作とか失敗作とかいふ様な區別も、別段大した意味を持たなくなる、と言ふより、ほんの片言隻句にも、その作家の人間全部が感じられるといふ様になる。

これが『文は人なり』という言葉の眞意だ。それは、文は眼の前にあり、人は奥の方にゐる、といふ意味だ。（……）

書物が書物には見えず、それを書いた人間に見えて来るのには、相当の時間と努力とを必要とする。人間から出て来て文章となったものを、再び元の人間に返す事、読書の技術というものも、其處以外にはない」

＊　　＊

その上でさらに「小説の筋や情景の面白さに心奪はれて、これを書いた作者といふ人間を決して思い浮かべぬ小説読者を無邪気」と言うのです。私などはこの無邪気の世界に留まっているのですが、それでも同一作家の書物を数冊も読むと、作家が何を考え、何を言おうとしているのかが分かり、おのずから、それなりの作家像が立ち現れてくるようには思います。しかし「手はしっかりと握ったといふ具合な解り方」に達するために、個人全集を「日記や書簡の類に至るまで」そのすべてにわたって読み切るということは、容易ならざる読書法です。私もしたことがありません。

評伝とか文庫本の解説、文学史、文壇史（伊藤整『日本文壇史』講談社文芸文庫など）は作家の人物像を知る手助けになりそうですが、こういう手助けは、小林秀雄によると、「碁将棋で言へば定石のようなものだ。定石といふものは、勝負の正確を期する為に案出されたものには相違ないが、実際には勝負の不正確さ曖昧さを、いよいよ鋭い魅力あるものにする作用があるだけだ」と手厳しいのです。つまりそういう手助けは、作家にとって本質的でないところにすごい魅力があるように教えてくれるだけだ、というのです。

＊　＊

富岡多恵子『釋迢空ノート』（岩波書店、二〇〇〇年）や瀬戸内寂聴『奇縁まんだら』（日本経済新聞出版社、二〇〇八年）のように、作家が著した作家についての評伝や小伝は、その重点が作品論よりも作家像にあることが多いし、「鋭い魅力ある」人間観察がされているので、私は好んで読みます。これらの本によると、一流の作家が長所も短所も含めて尋常一様の人たちでないことが分かります。そしてまた、そういう人たちが力の限りを尽くした作品だからこそ、類いない真実が現れ、心を打つと分かるのです。もっとも小林秀雄によれば、評伝等から見える姿は魅力はあるだろうが作家の一面に過ぎないということにはなるのですが。

小林秀雄の最後の作品に、評伝『本居宣長』があります。宣長の全作品を読み通した上での大作です。ところがこの本には、宣長の作品や関連の『古事記』(送りかなが入っていて読み下せるようにはなっています)、『源氏物語』、和歌が、注釈もなく原文のまま大量に引用されていますので、まことに読み進みにくいのです。それでも我慢に我慢を重ね時間をかけて読み通すと、宣長の姿が立ち現れるような気がしたものです。天皇の宣命や神主の祝詞、或いは僧侶の経のように、これらの原文には言霊(ことだま)があるが、訳してしまうと消えてしまう、と小林秀雄は考えたのだと思っています。

＊　＊

この読書論は啖呵を切られているようで圧倒される上に、「手探りをしてゐる内に、作者にめぐり會ふ」というくだりは、理屈ではなく経験談だというだけあって、経験談特有の、異論をさしはさみにくい迫力があります。そして実はこの論は、読書論を超えて、裁判官、検察官、弁護士が事件に立ち向かうときの在り方を教えてくれるように思うのです。特に最終的に裁判の責任を負うべき裁判官には参考になるでしょう。

証言等の情報は、さしあたりその事件の「全集」に当たります。法曹が何の助けも借りずに、情報の末端に至るまで「隅から隅まで」検討することによって、当事者や関係者の人物像が、情報は「眼の前にあり、人は奥の方にゐる」ように、見えることが事件解決の到達点でなければなりません。その到達点では、事件の全貌が当事者や関係者の人物像と緊密に関連して見えることになるのです。これが事件が分かるということだと思います。人が分からずに事件が分かるということはありません。

また、人には会わないより会う方がよいのですが、会えば分かるというものではありません。

さらに小林秀雄は、「読書の達人、サント・ブーブ」の言葉を引用しています。「人間をよく理解する方法は、たつた一つしかない。それは、彼等を急いで判断せず、彼等の傍で暮らし、彼等が自ら思う處を言ふに任せ、日に日に伸びて行くに任せ、遂に僕等の裡に、彼等が自画像を描き出すまで待つ事だ。（……）読め、ゆっくりと読め、成り行きに任せ給へ。（……）」

子を持って知る親の恩、孫持って知る孫の可愛さ

「子を持って知る親の恩」は、誰もが知っている諺ですが、後半の「孫持って知る孫の可愛さ」は、聞かれたことがないはずです。それもそのはず、実は私が作った諺候補なのです。

世間では、孫は可愛いものだ、子とはまた違う格別の可愛さがある、と言われており、そうした知識は当然私も持っておりました。というより、まさしくそうであろうと深い理解を持っていたつもりなのですが、初めて孫を持った友人が身も世もなくとろけている様子を見て、「孫の可愛さ」を十分理解しているはずの私でさえ、「あそこまでとろけてしまうのは阿呆と違うか」などと思ったのでした。

ところがその後、私にも孫ができました。すると可愛いのです。身も世もなく可愛くて、抱くと、抱き方が下手なこともあって、ぎゃーぎゃーと泣きます。全身で拒絶されながら、そこのところがまたたまらなく可愛いのです。とろけるような、こういう境地は知らないものでした。想像もしなかったことでした。そして友人のとろけかたに深く共感したのです。やはり想像するのと、実際に体験するのとでは、雲泥の相違があるということを身をもって実感したのです。それで「孫持って知る孫の可愛さ」という私製の警句がごく自然にでき上がり、「子を持って知る親の恩」と並べると面白いと

思って人にも披露したところ、経験者は皆、異口同音に「そうだ、そうだ、そのとおりだ」と心から賛成してくれます。

＊　＊

裁判では、人や事件を裁きます。裁くということは、事実を認定して、法律上からの評価をすることですが、当然のこととして、その事実認定も評価もその事件にふさわしく、正しいものでなければなりません。

殺人事件を裁く刑事裁判では、裁判官が証拠に基づいて細部にわたって事実を把握するのですが、そうして把握したとしても、当該の裁判官が殺人の加害者や被害者或いは被告人の経験をしたことはないはずです。どんな裁判官でも、目の前に来る事件や人と同じようなことを実際に経験していることはまずありえないといってよいでしょう。

そこで、先ほどの初孫の経験例や「子を持って知る親の恩」という諺が語るところからすると、経験して初めて分かることがあるということでした。ここから、経験したことのない事柄についてそれにふさわしく、正しい裁判ができるのだろうか、という疑問が出てきます。

＊　＊

アーザル・ナフィーシー『テヘランでロリータを読む』（市川恵理訳・白水社、二〇〇六年）は、ホメイニー師のイラン文化革命による（ヴェール着用の強制等の）女性に対する猛烈な弾圧が進む中で、女性教授（著者）が、秘密裏に数人のイラン人女子学生とナボコフの『ロリータ』等の読書会をもった記録文学です。この『ロリータ』は、ロリ・コン、つまりロリータ・コンプレックスの語源になった、幼児愛を主題とする背徳的な内容の本で、イランでは販売も読書も禁止されていました。この秘密読書会が露見すると、なんと死刑が待ち受けているといいます。

また大学で、学生がフィッツジェラルドの『グレート・ギャツビー』（一九二五年）を裁判にかけ、不倫を内容とするこの本が反イスラム的であるとして告発する学生に対して、擁護する学生が弁護人を務め、教授（著者）が『グレート・ギャツビー』なる著作そのもの、つまり被告人になるという企ても行われます。裁判官は聴講している学生群が務めます。

命を賭けてまで読書会を持つのですし、『グレート・ギャツビー』の裁判にしても、その本が堕落的で危険か等が、当時のイランの厳しい状況の下で論議されるのですから、ここではまさに文学の意味、強さ、存在価値が問われます。

『グレート・ギャツビー』の裁判で、被告人（＝著者）は「人は不倫の是非を知るためではなく、不倫や貞節、結婚といったものがいかに複雑な問題かを知るために『ギャツビー』を読むのです。優れた小説は、人生と人間の複雑さに対する理解力と感受性を高め、モラルを善悪の固定した図式でとらえる独善をふせいでくれます」と陳述します。

訳者（市川恵里）は、あとがきで「著者にとって、文学（フィクション）とは、現実を超えたもうひとつの世界であり、現実の軛（くびき）への抵抗であり、精神の自由をあたえるものにほかならない。著者は全編を通じて、想像力と、想像力によって作り出された世界の大切さを、また、他者の気持ちをわがことのように感じ、理解する、共感能力、感情移入の能力（＝empathy）の大切さをくりかえし強調する」と解説しています。これが本書のテーマになっており、文学の力、大切さが、当時のイランの厳しい状況下で、屹立するように描かれることになります。アメリカでよく売れている本だそうで、本の帯に「全米一五〇万部ベストセラー」とあります。

＊

＊

理解した心が見る範囲と、理解し共感した心が見る範囲を比べると、後者の範囲が圧倒的に大きく、深いのです。あらゆることを経験することは不可能ですが、理解し共感した心は、未経験を突き抜けて対象に肉薄できるはずです。ですから裁判では、共感できることが大切なのですが、その共感能力を高めるための答えの一つが、この本に示されているように思います。

そして初孫の例では、私は祖父母からみた孫の可愛さを理解しているつもりでしたが、共感を欠いていました。それに私には、分かっているという思いこみ、或いは思い上がりがあり、謙虚さに欠けていました。謙虚さを欠いていると、真実は姿を隠します。

結論はこうです。裁判に携わる人は、詩や小説やもろもろの芸術（音楽、絵画、彫刻、演劇、映画等）に触れて共感能力、感情移入の能力を能うかぎり高めること（なお共感能力を高める方法として、芸術は手近で有効ですが、これに限りません)、そして同時に能うかぎり謙虚であることが大切なのです。どんなに豊富な資料があっても、どんなに優れた能力を持っていても、どんなに努力しても、またどんなに想像をめぐらせても、対象を本当には分かっていないかもしれないというおそれ、謙虚さをいつも持っていることが大切だということです。

第六章　徒然なるままに

――タフでなければ生きていけない、
やさしくなければ生きていく資格がない――

タフでなければ生きていけない、やさしくなければ生きていく資格がない

「タフでなければ生きていけない、やさしくなければ生きていく資格がない」というのは、レイモンド・チャンドラーの最後の作品『プレイバック』（一九五八年）で私立探偵フィリップ・マーロウが言うセリフです。チャンドラーの作品は、気の利いた地の文やセリフがちりばめられているところに魅力があり、マーロウの言うこのセリフもその一つです。ただこのセリフは、マーロウが、最初は探偵仕事での調査対象者であったのに、後に依頼人になった美人と関係を持ち、そうした後でこの美人に言うものですから、利益相反の見地や職業倫理の上で問題なしとしません。この作品ではマーロウは場当たり的な女関係を外でもしており、当該の美人との関係も場当たり的なのです。またこのセリフに相応しい実体が描写されているわけでもありません。ですからこのセリフの出自には問題があると言わざるをえないのです。

しかし結構人口には膾炙していまして、某経団連会長が就任の記者会見でこのセリフを引用しておられた記憶があります。出自にかかわらずというか出自が知られていないからというか、一人歩きのできる言葉になっているようです。

＊　　＊

裁判官を定年退官した直後、ある地方裁判所長から「先生は裁判官にとって一番大切な資質を一つあげるとすると、何をあげられますか」と尋ねられたことがあります。退官直後でまだ裁判官意識が残っているうちに、なんらかの意図のない純粋客観的な気持を聞いておきたい、ということであったのでしょう。「人のまさに死なんとするや、その言や善し」というところでしょうか。

突然のことでしたが、その時私の頭にすっと浮かび上がったのは「やさしさ」とか「親切」ということでしたので、「白鳥の歌」としてすぐにそのように答えました。

裁判官に求められる資質は、沢山あります。順不同に並べてみても、常識、勤勉、健康、頭の良さ、好奇心、法律的な知識経験、法的なセンス、正義感、理解力、持続力、不屈の精神、発言や文章等による発表力、調整力、説得力等々いくらでもあげられます。そして裁判を受ける側からすれば、裁判官がこれらの資質を兼ね備えていてほしいと願うのは当然のことだといえるのです。

では何故、私がこうした当然のことの中から取りあげず、余り裁判官に求められる資質として取りあげられそうにもない「やさしさ」をあげたのでしょう。

＊　　　＊

裁判官になって二〇年目位の頃、高裁民事部での経験です。裁判長はA判事で、私は陪席判事でした。高裁では全事件合議で裁判することになりますが、A判事の仕事振りがすごいのです。記録を徹底的に読み、検討されるのですが、事件によっては記録をばらばらに分解して、自宅の座敷一杯に図面などを広げ、嘗めるように調べていかれるのです。合議では事件のことをいろいろ検討しますが、A判事が事件のことをしゃべり出すと、とどまるところを知りません。よくもそれだけのことがしゃべれるなあ、という位です。こちらも記録を読んでいますから、A判事の言われることがすべて資料に基づいていることが分かります。事件の表のことから裏のこと、選り取り見取りにいくらでも湧き出るのでした。事件が分かる、とはこういうことなのだと納得したものでした。そしてA判事のこの姿勢は、全事件に及ぶのです。

A判事のこのエネルギーの根元が実は、事件に対する「やさしさ」「親切心」なのです。義務感というのとも少し違います。事件に対し、当事者に対してやさしいから、当然のこととして、事件の発する情報を親身になって最大もらさずに受け止め、最も正しい解決点を見出そうという精神活動になるのです。好奇心が旺盛ということもできるかもしれませんが、好奇心の更なる源泉であったという方が正確だと思っています。

そのころ私も裁判官一通りの経験を経ていましたし、ある程度の自信もありましたが、A判事の姿勢にはほとほと頭が下がったのでした。そして裁判官はこれでなければならないと身に染みたのです。裁判官は事件のことを理解しなければなりませんが、本当は理解だけでは不十分で、それを超えて共感に達することが大切なのです。A判事は、事件に共感できる人でしたが、共感するために事件に取り組む、というより、やさしさをもって深く事件に取り組むことによっておのずから事件に共感しておられたのだと思います。このようにやさしさは大切ですが、問題は、そうしたやさしさをどうすれば身につけることができるかにあるのかもしれません。

＊　＊

右にあげた裁判官に求められる沢山の資質は、頭の良さなど知的な要素を除くと、タフネスと要約できるかと思いますが、こうしたタフネスの背後にやさしさがあることによって、タフネスを柔らかく包み、指導することになるのだと思います。反対にこのやさしさを欠くと、なにかロボットのような怪力無双の人造人間になりかねず、そんな裁判官は願い下げです。背後にやさしさがあることによって、このタフネスが望ましいものに転化或いは昇華するのだと思うのです。裁判官は心やさしく、力持ちでなければなりません。標題のとおり裁判官は「タフでなければ生きていけない、やさしくなければ生きていく資格がない」のです。

このようにこの言葉の出自には多少問題がありますが、純化したものとして裁判官に適用してもよいかと思いますし、実はこの意味するところは、裁判官に限らず弁護士など法曹一般、さらに広く現代社会一般に求められるもののようにも思っています。

一位でなくてもよいが、セカンドグループではだめ

「一位でなくてもよいが、セカンドグループではだめ」と言うと、蓮舫議員の「二位じゃだめなんでしょうか」発言を連想されることでしょう。この蓮舫発言は、次世代スーパーコンピューター事業予算の仕分けにおけるものでした。これに対する科学界の大方の反応は、「二位じゃだめ。一位でなくてはだめなのだ」であり、その理由は、次世代スーパーコンピューターは新たな技術創出などの要にあり、科学技術立国を掲げる日本の将来にとって死活的重要性を持つから、是非一位を目指さなくてはならない、というのです。

では表題の「一位でなくてもよいが……」が何について言っているのかですが、実は裁判官の心得を私なりにまとめたものなのです。

＊　　＊

国民が、ある特定の裁判官を担当者として選びたいと願っても、許されません。事件はその事件について管轄を持つ裁判所に提訴されますが、裁判所には通常複数の裁判官が配置されていて、提訴された事件を管轄の裁判所のどの裁判官が担当するかは、あらかじめ機械的に定められた順番に従い、提訴された順で決まります。つまり原告は管轄裁判所の裁判官の中の一人を自由に選ぶことはできま

せん。被告も同じです。そして、一旦ある裁判官の担当になった事件は、当事者がその裁判官を避けたいと思っても、（客観的な忌避事由がないかぎり）担当からはずすことはできません。

医療の世界では、特別の診療技術を持っている医師、病院を患者が地域を越えて任意に選べますし、医師の方でも、自分の医療レベルを超える患者が来れば、医療レベルに達している医師や病院に移す「転医義務」があるとされる場合すらあります。ところが、裁判の世界では、国民は裁判官を選べませんし、裁判官の方でも得意事件を選べません。裁判所の長や裁判官自身が、より適任と思う裁判官がいても、事件を移すことはできません。

裁判のこうした仕組みは、裁判の公平と公平らしさを実現するためですが、必要な仕組みとして国民に受け入れられていると言ってよいでしょう。

＊　　＊

一方国民は憲法により「裁判所において裁判を受ける権利」を保障されています（憲法第三二条）が、国民側からも、裁判官側からも選択の余地がない以上、裁判を受ける権利を実質的に保障するためには、裁判所側は全国の裁判所に、高い資質の裁判官を配置しておかなくてはならない道理です。個々の裁判所内部でも、そこに所属する裁判官は望まれるレベル以上でなければなりません。そういう配置になっていてこそ、全国津々浦々の人々が、機械的に担当することになる裁判官から等質の司法サービスを期待できるのです。

そういう高い等質性を確保するために、一〇年という任期制が採られていて不適任者を排除できる仕組みになっていますし、裁判官人事を司る裁判所当局も、経験上効果があると実証されている人事政策(転勤制度もその一つです)を採っていますが、こうした施策が実を結んでいるかどうかは歴史の判断に委ねるべき問題です。

＊　＊

それはそれとして、こういう問題では個々の裁判官自身の心掛けがなによりも重要なのです。なんといっても個々の事件を担当するのは個々の裁判官なのですから。

偶然に支配されて自分の担当になった事件について、もし他の裁判官が担当した方が質や速度の面でよりよい裁判ができるという状況があるとすると、裁判を受ける人の「裁判を受ける権利」を実質的に侵害することになります。ですから、個々の裁判官は、少なくとも他の裁判官と比較してそれに劣らない程度の司法サービスができなければならないはずです。この「他の裁判官」としては、先輩、同輩に限らず、後輩も対象にするべきですし、他の裁判所の裁判官も対象にしなければなりません。そうすると必然的に、「他の裁判官」の中のもっとも優れた裁判官とも比較することになりますから、全国的規模でみてトップクラスの裁判官に劣らない程度の司法サービスができることになる筋合いです。

マラソンにたとえますと、どの走者とも同程度の早さで走っていることを意味しますから、結果としてトップグループと同じ早さということになり、つまりトップグループに属していることになります。そして、トップグループに属していることが大切で、そこからずり落ちることはいけないのですが、トップグループの中で一位を占める必要はないのです。トップグループに属していさえすれば、その中の何位であろうと司法サービスの面では差異を生じないはずだからです。これが「一位でなくてもよいが、セカンドグループではだめ」の内容です。裁判を担当する者は、こういう心掛けで裁判に従事し、それを実現しなければ、国民の「裁判を受ける権利」を保障することにはならないと銘記しなければなりません。それは個々の裁判官の（裁判を受ける）国民に対する義務なのです。

＊　＊

この心掛けは実践的には、広く回りを見渡して、質と速度の面で他の裁判官が果たしている程度の裁判ができればよいというだけのことで、その裁判官より勝る必要がないのですから、義務とはいっても心理的に楽であり、しかも結果としてはトップグループで走っていることになって結果が出るという重宝なものなのです。それに、勝つためではなく、自分のためでもなく、人のために頑張るというのですから、崇高味さえ帯びるではありませんか。そもそも『ラ・ロシュフコー・箴言集』（岩波文庫）にもあるように、「人は他の誰か一人よりも上手でありうるが、他のすべての人より上手ではありえない」（三九四）のです。実際どんな競技でも、相手に勝つためには一段上の体力と技倆と意志がいるものですが、並走に留めておくのであれば、超人的努力を要せずにできてしまうものなのです。

また日頃から、任意に選ばれた他の裁判官と同じ程度に執務できるための諸条件（健康、志、知識、経験、環境等）を整える努力を怠らないことも大切ですが、諸条件を整える上で一人だけ飛び出そうというトップアスリートのような超人的努力を必要としないことでも無理がなく実践的だと推奨できます。

そしてこの考え方は、裁判官に限らず広く、同じ（高い）水準の業務を果たすべく期待される公務員一般に、常勤、非常勤を問わず、及ぼしてよいのではないでしょうか。

四万十川　――水の浄化と社会の浄化――

高知県の西南域を流れる四万十川は、「日本最後の清流」と呼ばれています。この川が清流であり続けている理由は、第一には川そのものに浄化力があることです。上流、中流には流れの急な瀬とゆったりする淵が交互に現れます。堤防は河口近くを除いて全くなく、ほぼ全流域の川岸には葦などが自然のままに残っています。こうした自然の環境が水の浄化に役立つのです。第二に、高知県特有の豪雨がしばしばあって、暴れ川との異名にふさわしく水量が一気に増加し、川の汚れを洗い流すことです。台風も高知県に上陸したては、生きがよく、高知では雨は下から降ると言われるくらい激しい降り方をします。余りに激しく降るので、地面に当たって勢いよく跳ね返るのです。ですから高知では、傘が役に立ちません。

堤防がないため堤防に架ける桁の高い橋というものがなく、水流のあるところだけに水面すれすれに橋が架けられています。ですから増水すると、当然水は橋桁を越え、橋全体が水面下に沈むことになります。それで沈下橋と呼ばれるのですが、欄干は、橋が壊れたり、水の流れを阻害して洪水の原因になるから、作られていません。当然建造費は安くてすみます。欄干がなく、すぐ下には水量豊かな川が流れていますから、車にしろ徒歩にしろ沈下橋を渡るのはちょっとスリルがあります。四万十川の風物のひとつになっています。

＊　　　＊

四万十川が清流であり続けている理由の第三はやはり、流域に人口や工場等の汚染物質の発生源が少ないことをあげることができます。

ところで、四万十川は長さとしては二〇〇キロメートル位あり、上流こそ急流ですが、汚水の混じりやすい中流、下流域は、河口から一〇〇キロメートル遡っても、その高さは海抜一〇〇メートルしかないという位勾配が少ない川なのです。水量豊かな大河では、日本には他に例がない位の緩流といえるでしょう。ですからものすごく蛇行します。小山をはさんで一八〇度のユーターンをする蛇行もいくつかありますし、こうした蛇行や背後の高く大きくはあるがやさしさを帯びる風景が四万十川独特のゆったり感を与え、忙しい現代人に別天地のような魅力を与えるのです。美空ひばりの名唱「川の流れのように」のバックにふさわしい風景を呈します。

ところがこうした緩やかな流れは、水質汚濁の原因になります。また近時の生活様式の近代化は流域にも及んでいて、汚水が多くなっており、このまま放っておくと、最後の清流という名を返上しなければならないおそれもあるのです。

＊　　　＊

田植えのされた水田には水が満たされ、その水は夏頃までそのまま置かれます。水は蒸発したり、土に吸い込まれて減りますからその分を補う必要がありますが、水を入れ替えるということはしないものです。水田にこれだけ長く水が満たされていても、不思議なことにその水は濁りません。

水は溜めておくと必ず濁ります。池や水槽は、しばらくすると必ず濁ります。いくら水を漉しても濁ります。有機物が発生するからです。有機物は漉すことでは除去できません。ではなぜ水田の水は濁らないのでしょう。

四万十川流域の村役場に勤める人が、ここに着目し、要するに水田と同じ環境を作れば、水を浄化できるはずであると気づきました。

調べてみると、水田の水が濁らないのは、水田の環境、すなわち泥と稲の茎に、好気性（酸素が必要）と嫌気性（酸素が不要）のバクテリヤが自然に発生し、それらが分業して濁りの原因である有機物を分解してしまうからだということが分かりました。そこで東大の先生と共同研究をして水田の環境を再現する工夫をし、水槽で発生するバクテリヤが通過する生活排水を浄化し、鮎が生息できる程度の水まで浄化できるという装置を作りました。水浄化装置の四万十方式といいます。特許でもあります。

水槽は、四つ位に分かれ、そこに地元で簡単に入手できる木片などの自然物を配置しておくのですが、集落の大きさに応じて水槽の大きさを変えればよいし、大袈裟な下水道が要りませんから、それぞれの集落の川寄りに相応の大きさの装置を作っておけばよいのです。装置そのものが化学物質を一切使わず、自然物だけで構成されていますし、掃除などの手入れも不要なのだそうです。

以前には生活排水をそのまま流していた流域に、大小様々の四万十方式の浄化設備が設けられているのを見ると、そこに住む人々の心意気が感じられて感動します。

四万十川が清流であり続けているのは、こうした流域の人々の意識と協力に負うところが少なくないのでありましょう。

＊　＊

実は、同じことがこの社会にも当てはまります。社会には汚濁の原因が沢山あります。社会の汚濁を事前に一〇〇%防止することはできませんから、社会には汚濁を浄化する力がなければなりません。その浄化力は自然のものであること、すなわち社会そのものに浄化力があることが第一であり、その作用範囲の大きい社会ほど優れているのです。第二は、社会が四万十方式のような自然の浄化に近い浄化力を持つことです。第三が、やむをえず用いられる人工的で強制的な化学物質を用いるような手段ということになるのでしょう。

裁判制度や調停制度、或いは近時喧伝されるADR、すなわち裁判外紛争解決手続が社会汚濁の浄化装置に当たります。これらの手続は前記のいずれの類型に該当することになるのでしょう。自然の浄化力そのものか、それに近いものが上策であり、人工的な手段は下策になるのだと思います。

日本の裁判制度は、上策と下策のいずれに該当するのでしょう。おそらくは一律には決められず、裁判官等の担当者次第ということになるのではないでしょうか。

神は細部に宿る　――鳥居民著『昭和二十年』と裁判――

「神は細部に宿る」は、ドイツの有名な建築家ミース・ファン・デル・ローエが広めた言葉として知られています。その意味は、作品において破綻のない細部こそが人を感動させる形を作り出す、というにあります。この言葉は、建築物や彫刻や工芸品の価値を理解する上で、重要な着眼点を示していて、説得力があります。

著作についてこの言葉が妥当する好例は、鳥居民『昭和二十年』（草思社、二〇一四年）でありましょう。昭和二〇年の一年間を一月一日からずっと追っていき、一二月三一日までそれぞれの日に生じた事柄を細かく書き続けていくという体裁の現代史です。八月一五日までを第一部として、現在一一巻まで出ています。第一巻が出たのは昭和六〇年八月一五日ですから、すでに二〇年越しに書き続けられているのです。

昭和二〇年のある一日を扱っても、その原因となる出来事は、昭和初年に生じた事柄であることがあり、更にその原因が明治、大正のことであるとすると、それにも詳しく言及していきます。一昨日があって、昨日があるから、今日があるとリンクしますから、おのずから太平洋戦争を中心とする現代史、昭和史になっています。

その基になっている史料は、当時枢要の立場にあった人達の日記から学生、小学生の日記、手紙に始まって、ありとあらゆる史料を事細かに分析し、羅列し、そこから事実を紡ぎ出していきますから、まさに昭和史の「神が宿るべき細部」が浮き彫りにされていきます。史料が語る事実がほとんどですが、史料の欠けているところでは、著者の推測、仮定がほどこされます。例えば、ある時の天皇と重臣との会話などが記録されていることがあるとしても、手にはいるはずがないので、前後の状況からその時の会話の内容はこのようなものであったはずである式の推測がされるのですが、必要があって、しかも相当の確度があるときにのみ、根拠を示して推測がされていますから、むやみな憶測が羅列されているものではありません。このように細部で終始するとはいえ、全体を眺望する視点と批判する目も持っていますから、大きな流れや事柄の位置づけも掴めます。

*　*

作家の井上ひさしは、この本について「私の印象はこうです。ここにものすごい望遠レンズと、ものすごい接写レンズを備えた高精度のカメラがあって、このカメラはどこへでも飛び、どこへでももぐり込む、たいへん魔術的なカメラです。そして東西南北上下左右自在に動くのですが、しかもそのカメラは、巨大なアーカイブ、記憶の倉庫を内蔵している。ですから、カメラがあるところに動くと、自動的に貯蔵庫から必要な記憶が出てくる。そのカメラで昭和二十年のあらゆるところ、世界の果てまで飛びながら写していくというこの作者の働きの裏には、恐るべき史料の読み込みがあったに違いない」(丸谷才一対談集『おっとりと論じよう』(文藝春秋、二〇〇五年))と言っていますが、けだし適言です。

＊　＊

司馬遼太郎は、坂本龍馬のような魅力ある人物を活躍させて時代を描きましたので、人物の魅力に惹かれて、読みやすい近代日本史ができているのですが、鳥居民は、群像的、集団的に人物を羅列していくという方法をとっています。そして戦争開始以前から戦争中の政治や政治家、軍部や軍人のありのままの姿を活写していますので、その人達や組織の堅さ、狭量、洞察力の無さ、おろかさ等が浮かび上がることになり、読んでいて情けなく、つらく、腹立たしくなることもしばしばです。空襲の悲惨や疎開の苦労等戦時中の世相も活写されていますし、米軍側からの視点もありますから、資料としても網羅的に完備しているといえるのです。

実は司馬遼太郎も昭和史に多大の関心を持っていて、むしろ昭和史への関心が近代日本史を書くことにさせたのに、昭和には興味を惹く個人を見つけることができなかったから、個人を活躍させるという方法では昭和史が書けなかったのだ、というのが、丸谷才一の観察です(前掲対談集)。ですから司馬遼太郎は昭和史を、歴史小説ではなく、文藝春秋の巻頭随筆等の短編によって断片的に書いていきました。

司馬遼太郎が網羅的には書けなかった事柄を、鳥居民が独自の方法で書き上げて見事というのが本書でありましょう。

裁判では、紛争の原因である過去の事実が対象になります。過去の事実を認定していく中で、原告、被告のどちらの言い分が正しいかを判定するのが裁判です。

過去の事実の認定に当たって用いる資料は法廷に提出される証拠ですが、そうした証拠から事実を認定する方法が、まさに鳥居民が著述した方法なのだと思います。そして「神は細部に宿る」という思想のもとに、破綻のない細部を彫り上げるのが裁判だということができます。消え去った過去の時間の中から彫り上げていくのですから、簡単なことではありませんし、細かいことを逐一認定していくことは、一見無駄なように見えますが、細部をとことんまで積み上げていくと、曖昧に見える過去から、真実はこれしかないという形でくっきりと事実が立ち現れます。木彫が、小さな彫りを重ねることから立ち現れるようなものです。

過去を対象にしますから、必要な資料が欠けていることがありますが、そういうときには、歴史家のように「そのことについては語らない」という態度をとっていては必要な裁判ができませんから、推測や仮説のもとに事実を推定していくことも大切で、この方法は『昭和二十年』でも採られているところです。

＊　＊

ただ細部のみを見ていては、木を見て森を見ないおそれがありますから、大きく概観することも欠かせません。要するに「巨細（こさい）に見る」ことが大切なのですが、『昭和二十年』では、細部を重視することを基本とした上で、また大きくも見るという方法が採られています。この著述態度が実は、裁判の要諦でもあります。そして裁判に関わる裁判官、検察官、弁護士の法曹三者はそれぞれ、井上ひさしの言うようなレンズ付きのカメラを持っていてほしいものです。

谷崎潤一郎の「転勤」

谷崎潤一郎の居宅であった京都下鴨の潺湲（せんかん）亭が公開されることになり、希望者を募ったところ、すごい人気で、九〇倍もの応募があったということです。

潺湲亭は下鴨神社境内のすぐ東にあって、谷崎が昭和二四年から昭和二八年まで暮らしたところです。谷崎は下鴨の潺湲亭以前には南禅寺の近くに住んでいて、その建物も潺湲亭と名付けていましたので、それを「さきの潺湲亭」、下鴨のそれを「のちの潺湲亭」と呼びます。「潺湲」は水がさらさら流れる様をいう言葉で、双方とも「潺湲たる小川」の近くにありますから、この名が付けられたのでしょう。

「のちの潺湲亭」は、京都の裕福な人が建てた建物を買い受けたものです。母屋と茶室、庭の奥に書斎棟があり、母屋の座敷正面に池が広がっています。庭は非常に広いというのではありませんが、回遊式になっていて、樹種が多く花は四季折々に咲くようになっています。町の中ですが深山の趣を醸し出しています。谷崎が大変気に入っていたところだそうで、京都の電機会社が谷崎からそのまま保存するという約束で買い受け、維持しているのです。

ここで谷崎は、『源氏物語』の新訳をしました。戦時中にした旧訳は、父桐壺帝の女御である藤壺と光源氏との不倫のことなどで時節柄はばかりがあり、思うように訳せなかった不満があったから、改訳することにしたのです。その訳業風景や潺湲亭の模様は、新訳の助手をした伊吹和子の『われよりほかに』（講談社、一九九四年）に詳しく出ています。

＊　　＊

谷崎は、大正一二年の関東大震災を契機として関西に移住し、主として阪神間に住むようになりました。阪神間でも何回か転宅していますが、昭和二一年さきの潺湲亭に転宅して京都に住むようになり、のちの潺湲亭を経て、熱海の伊豆山に転宅し、そこが終のすみかになりました。

谷崎は、関西に移住してその文化や伝統に親しみ、また大阪船場の御寮人であった松子夫人に出会って結婚したことで、深く上方文化に親昵することになりました。そういう素地の上で現代の『源氏物語』といわれる名作『細雪』を書きました。

『源氏物語』は平安時代に京都の人が書いた京都の物語で、基本的には京言葉で構成されているはずですから、訳にあたっても上方のアクセントやイントネーションが分かっている方がよりスムーズにいくはずです。『源氏物語』の現代語訳は沢山ありますが、現在の京言葉で訳したものもある位です。私は原文の音読も京風にする方が雰囲気をよりよく味わえると思っています。訳業助手の伊吹和子は京都の由緒ある呉服店の息女だそうですから、京言葉はお手のものだったことでしょう。谷崎が下鴨神社近くの潺湲亭でこの訳業にいそしんだ背景には、こんな事情があるのかもしれません。

この谷崎の転宅の多さは、どうやら創作とも関係しているように感じられますが、作家の仕事場は自宅ですから、谷崎は自ら求めて「転勤」していたということができると思います。

＊　　＊

以前には、志賀直哉が東京近郊以外では尾道、松江、京都、奈良に住んだことがあるように、作家が遠くへ転宅する例があったのですが、最近はこうしたことがまずありません。現在は作家が一家を挙げて転宅することは難しくなっているようです。このことは作品の幅を広げることの妨げになっているのではないでしょうか。印税が主な収入源であり、それは全て捕捉されてしまう現在の作家としては、転宅を必要経費として認められない限り、谷崎のような豪奢な転宅を重ねることは難しいでしょう。安アパートを転々とするような転宅では、創作の糧にはならないと思います。東京に出版社や編集者が集中していて離れにくいという事情もあるのでしょう。

しかし小川洋子は、夫の転勤で阪神間の芦屋に住むようになり、そこで『博士の愛した数式』（新潮社、二〇〇三年）（読売文学賞）、『ブラフマンの埋葬』（講談社、二〇〇四年）（泉鏡花文学賞）、『ミーナの行進』（中央公論新社、二〇〇六年）（谷崎賞）のような名品を書きました。芦屋への転宅がなかったら、こうした名品は日の目を見なかっただろうと思うと、小川洋子の「転勤」はまことに歓迎すべきことではありませんか。

よい仕事を続けており、今世界的にも注目されている村上春樹は、創作の合間にいつも外国で長期の滞在をしているようですから、これも自発的な「転勤」を続けて創作の泉を枯らさないようにしている例といえるでしょう。

かのモーツァルトにしても、年少時からの数々の大旅行（それはほとんど転勤的でした）がモーツァルトの天才に知識、深み、彩り、輝きを与え、磨きをかけたのです。

＊　＊

裁判官も転勤します。その目的は、全国の司法サービスを均質にすることにありますが、副次的には裁判官が各地の多様な土地柄、人、文化や多くの先輩、同僚、後輩に触れる機会を与えており、裁判官の素地を豊かにする上で重要な働きをしています。この転勤は他律的ですが、裁判官側で、谷崎の自発的「転勤」と同じようなものに転化昇華できると、一層効果があることでしょう。

菅原道真も若いころ顕職である文章（もんじょう）博士から一地方官である讃岐守に「左遷」され、自分もこれで終りかと泣く泣く赴任したのですが、根が真面目な人ですから、責務を果してよい仕事をしました。天才と学識に加え、このように地方政治の実務を経験したことが、彼を大きく成長させ、四年の任期を終えて京都に戻されるや実力を発揮したのです（京都だけにいる藤原氏はとても太刀打ちができず、道真は藤原氏をおびやかすまでになったから、危険視されて讒言され、太宰府へ「左遷」されてしまうことにはなりましたが）。

『源氏物語』を書いた紫式部は娘のころ、中流貴族であった父が越前守になった際に任地に同行しているのですが（普通、娘は行かなかったようです）、そのときの見聞、経験が、京都の屋敷深くに住み続けるだけであった貴族の女性には得難いものだったようで、そうした素地が源氏物語を生む背景になっています（そのほかパトロン的立場にあった藤原道長の教導、バックアップが重要だとされます）。あのように充実した世界最初の小説を、屋敷奥深く住むだけの貴族の女性が頭だけでひねり出すのは、いくら天才でも不可能であると分かり、さもありなんと納得できるのです。

代役

平成一九年七月の大阪松竹座は、人気と芸品の高い片岡仁左衛門が座頭の公演で、これに人気抜群の市川海老蔵が加わっていましたから、評判は上々、観客がつめかけました。海老蔵が夜の部で「女殺油地獄」の悪ぼんち河内屋与兵衛をするというのも珍しく、話題を呼んでいました。与兵衛役は、上方の和事としての柔らか味を出す一面と、金を貸してくれない、油屋の若女房を追いつめ、はずみで店一面にこぼれた油にまみれて滑って転んだり、組んずほぐれつの挙句に若女房を刺し殺すという荒い仕草をする一面があります。初役の海老蔵がこれをどのように演じるか興味を引いたのです。

私がある日（一三日）の夜の部に出かけた時のことです。海老蔵が当日の昼の部に出演後風呂で足を負傷し、出演できなくなったとの突然のアナウンスで、場内騒然となりました。海老蔵がお目当ての観客が沢山いたからです。

海老蔵が本役の与兵衛は仁左衛門が代役を務めました。もともと与兵衛は仁左衛門の出世芸で何回も演じており、今回も仁左衛門監修公演とされ、海老蔵の指導もしていたのですから、この代役の出来がよいのは当然です。私などは代役に巡り合わせた僥倖を感謝した位でしたが、隣に座っていた中年のご婦人は熱烈な海老蔵ファンらしく、「幕間に挨拶くらいするべきだ」などとプリプリ怒っていて、談判に行った気配です。

＊　　＊

たまたま切符をとっていたのでその翌日（一四日）の昼の部にも出かけたのですが、やはり海老蔵は休演でした。海老蔵の役は、「鳴神」の鳴神上人と「義経千本桜」の義経で、いずれも大役です。「鳴神」は市川団十郎家のお家芸の歌舞伎十八番の一つですから、外の人がする機会は少ないのですが、坂東薪車が堂々と代演しました。義経も片岡愛之助が見事に代演しました。主役に代役を立てる場合は、代役をするほどの人は重い役をしているのが普通ですから、代役の代役も立てねばならず、影響する範囲が大きく大変なのに、代役初日の昼の興行は支障なく終わりました。堪能できたのです。

怪我の当日すぐに代役を務めた仁左衛門は当人の当り芸ですから、納まるところに納まったというものでしたが（それにしても咄嗟に、心も所作も複雑な与兵衛役を代演し、共演者との複雑な、油にまみれた取り組み合いのアンサンブルにも破綻がないことには驚きました）、翌日の二人はそういう芸歴は持っていないはずです。それでも翌日すぐにプロンプターも付けず代役をこなしたのです。このことで歌舞伎役者は、日頃から他の役柄のセリフから所作までも、完全に身につけていると分かります。歌舞伎の世界は、名門中心主義、血統主義ですが、それで演技が偏るなどということはなく、程度が高く密度の濃い普遍的な伝統が受け継がれているうえ、常日頃からなんでもこなせる素地を身につけているのでありましょう。ほとんど役者が住んでいない関西での公演で、咄嗟に代演者を東京から呼ぶということのできない情況で、少ない出演者でやりくりして、即座に対応できたというのは、座頭仁左衛門の器量もさることながら、歌舞伎界の層の厚みと芸の深みを感じさせるものでした。

＊　＊

明治維新の時、その運動を推進していた多数の志士が運動の過程で、次々と殺され、自死し、処刑されていきましたが、次々と新たな志士が湧き出るごとく出てきて、運動を続け、維新が達成されたことは、歴史に明らかなところです。これを代役という観点からとらえると、その姿が明瞭になるように思います。本役が殺されても、すぐに代役がそれを埋め、本役の役目を果たす。新たな本役が殺されても、次なる代役が出てくる、という繰り返しが、あちこちで行われたのです。教養といい、こころざしといい、よくもこれだけの人たちが雲霞のごとくに湧き出でた当時の層の厚さ、日本が当時それほどの人材をかかえていたことに驚嘆するばかりです。

愛知県の東北、岐阜県、長野県との県境付近（奥三河）の稲武（島崎藤村の生家のある馬籠宿から東南側の山を超えたところ）に古橋家という素封家があります。古橋家は維新のころに多数の志士をかくまったり支援した関係で、当時志士が残したり、また新たに集めたりした志士関係の墨跡が何百点も、解説付きで、古橋家経営の歴史博物館（古橋懐古館、豊田市稲武町稲橋）に展示されています。私が行ったとき、中学生の団体がバスで見学に来ていましたが、近隣一帯の学校の年中行事だそうです。

これらの墨跡を一度に観ると、普通の書道家の、上手だとか美しいとかバランスがよい書だとかいうのではなく、書いた人物の壮絶さが現れている迫力に圧倒されるのです。深い教養を積んだ人たちが生死を超えた使命感のもとに、気高く澄んだ心境で書をしたためたのでしょう。龍馬や西郷ら多数の志士に直接対面できたような感興を覚え、「書は人なり」という言葉の意味を痛感させられます。当時志士には持ち合わせがなかったから、支援者に感謝の意を込めて墨跡を残すという風潮があったようです。

＊　　＊

サラリーマンには異動や転勤がつきものですが、これも前任者を基準とすると、その代役なのです。そのように考えると、いつ異動を命じられても、前任者と同等、いやそれ以上に役をこなせる素養をつけておくことの大切さが分かるというものです。

組織論では、組織には募集力、教育力、定着力がなければならず、このうちのどれか一つでも欠けると、その組織は次第に衰えると言われていますが、これも要するに、優れた代役を豊富に持つことの大切さを言っているのだと理解できるでしょう。

会社にも、政治や法曹の世界にも妥当しますが、野球で代役の豊富なチームが長いペナントレースを勝ち抜くように、優れた代役の多い組織が最後に残るのだと思います。

そして、組織側の論理では、募集力、教育力、定着力ということになりますが、個人側の論理としては、個々人が、歌舞伎役者や維新時の志士のように、自己を高めかつ深める自発的努力をすることを欠かせないということになるのでしょうか。

代役をこなすことは、認められるチャンスでもあるのです。これは代役の機会が多いオペラ歌手の世界にその例が多く、かの二〇世紀最大のドラマティック・ソプラノと言われるマリア・カラスも、ミラノ・スカラ座で美声の名歌手レナータ・テバルディの代役としてアイーダを歌い、その実力が名実ともに認められたことが、出世を決定づけたと言われています。

仁左衛門の「河内山」

昨年（平成一九年）暮れの顔見世興行（京都・南座）で、片岡仁左衛門が「河内山（こうちやま）」に出演しました。「河内山」は、河竹黙阿弥作の通し狂言「天衣紛上野初花（くもにまごううえののはつはな）」のうちで、河内山宗俊が主人公として活躍する舞台の通称です。もちろん仁左衛門がタイトルロールです。

質屋上州屋の一人娘が一八万石の松江出雲守の屋敷へ腰元奉公に上がって浪路と呼ばれています。出雲守に見初められ、側女になるよう求められますが、断ったため幽閉され、命も危ない状態になりました。上州屋は、金をゆするために来ていたお数寄屋坊主（江戸城中での大名の世話係）の河内山に礼金を渡して浪路の救出を依頼します。

河内山は、頭が丸いのを幸いに寛永寺の法親王（皇子の出家後に親王宣下を受けたもの）の使僧になりすまし、白の着衣に緋の衣という美しく見栄えする姿で大名家に乗り込み、法親王の威光を背景に、出雲守を脅したりすかしたりして浪路の解放を承諾させますが、帰りの玄関先で、出雲守にへつらっている重役の北村大膳に偽使僧と見破られます。

ここで衣をまくって開き直った河内山が言うのが「とんだところへ北村大膳」とか「悪に強きは善

にもと、世の譬えにもいうとおり」とかの有名な七五調のセリフです。化けの皮がはがされても少しもあわてず堂々と、しかし地は悪党に戻って「若年寄りの支配を受け、お城を勤めるお数寄屋坊主。おいこの河内山はご直参だぜ」と大名家の一存で切り捨てるわけにいかないことを指摘し、そうかといって幕府に突き出せば出雲守の所業が幕府の知るところとなって松江一八万石はただではすまなくなるぞと脅します。そう言われて大膳も手が出せずにらみ合っていたところを、浪路を無事解放してお家の安泰を計りたいと考えている良識派の家老が巧みに取り計らったので、河内山はもとの使僧に戻ることができ、浪路を救出して、使僧と悪党をこき混ぜた複雑な言動をしながら、堂々と帰途につきます。

＊　＊

この河内山の役どころは、根は江戸っ子の悪党ですから、その地を見せねばならず、一方法親王の使僧役に扮して大名屋敷に乗り込むのですから、剛胆さの中に気品をのぞかせることが求められます。全体として男気と洒脱味を出す必要もあります。屋敷で、当の大名や重臣と差しで渡り合う貫禄も必要です。そして帰りの玄関先で、化けの皮をはがされてからはもろに悪党の地を出さなければなりません。大変複雑な演技を要求されるのですが、顔見世の仁左衛門は、これらの要請に見事に応えていました。仁左衛門は父である先々代と同じく長身で見栄えするうえに、先々代と違って口跡（こうせき）がよいので、こういう役どころではほれぼれします。悪党に気品というのもどうかと思いますが、使僧としての気品もあり、悪党ぶりも洒脱味も十分の、結構な河内山でありました。

＊　　＊

この出来事を現代に引き直すと、大名家は会社となって、社長の女性社員に対する典型的なセクハラ・監禁事件になります。今ならコンプライアンス上の問題として、或いは民事、刑事の事件として、解決の道筋がいくつもありますが、それでは芝居にならないし、やくざを登場させても、河内山のような魅力を出すことは至難です。それに筋そのものはいかにも単純で、舞台回しに面白みを加えにくいから、昔の安手の映画でも扱わない筋書ということになるでしょうか。

この河内山は、今流に言うとミンボー、つまり民事介入暴力に当たります。芝居では、河内山は上州屋から二百両の礼金を取る上に、大名家でも、ご馳走を断って「あいなるべくは、山吹のお茶を所望いたす」と言って暗に小判を要求し、せしめます。渡された小判の額は布巾の下に置かれているので不明ですが、布巾がこんもり盛り上がっている上に、河内山が布巾のすそからそっと覗いてびっくりしますので、かなりの額であると分かります。上州屋は大事な娘を助けて貰うのですから、多額の礼金を払うのは自然です。大名家も、河内山を使僧と信じている段階でしたが、家の存立にかかわる重大事で他聞をはばかるから、多額の礼金を出して事を荒立てないのが得策と判断したのでしょう。

しかし河内山のように、紛争当事者の双方から報酬を貰うのは、悪党としては常識の範囲かもしれませんし、世の中には調整者が、双方から礼金をとるということもままあるかのようですが、一方の依頼によって始まった調整行為について相手方からも礼金を取得するというのは当初の依頼者の利益を損なうおそれがあります。

その点弁護士が一方の依頼を受けて調整に立つ場合、紛争当事者の双方から金品を受領することは、汚職行為として許されず（弁護士法二六条）、違反行為は三年以下の懲役に当たるという重いものとされています。このような規定は戦前の旧弁護士法にはなかったものですし、今でも他の業法には見当たらないところで、それは弁護士の職務の公正性を保持しようとの強い期待の現れなのです。

＊　＊

河内山の氏名を詐称しての脅迫行為は、問題なしとしませんが、本人が「悪に強きは善にもと」と言うように、緊急を要する救出目的のために毒をもって毒を制するというもので、悪党が一方では善に強いことがあるところを出しています。脅される大名側の落度は決定的で、河内山は、その大名を相手にびくともしない大胆不敵な行動をして歯切がよく、浪路も救出されて万々歳なので、一種痛快味と爽快感があって、観ていて気持のいい芝居になっています。河内山の悪、善、悪、善という変身振りも面白く、出雲守にしても、大名らしい身勝手さはあるものの、所詮は世間知らずのわがままというだけで、悪大名というほどでもなく、河内山の皮肉に難渋するばかりですから、憎めないのです。観客自らが河内山そのものになって七五調でリズムよく活躍するような気分にもなるので、人気狂言になっています。

このように、河内山の大名に対する詐称、脅迫行為は、十分に情状酌量できますし、特に玄関先での家老の取扱で帳消しにされたと評価できますから、我々観客が河内山の気分でこの芝居を楽しんでも正義にもとることはないと言えるのではありますまいか。

民法は共有を嫌悪する

「民法は共有を嫌悪する」というと、法律に好き嫌いの感情があるのかと意外に思われるかもしれませんが、法律にも好悪の感情を見ることができます。例えば、一旦契約を締結すると、合意か解除原因がないかぎり契約は永久に続くことになります。婚姻関係にしても同じです。一旦婚姻関係を結ぶと、合意か法が定める離婚理由がないかぎり、婚姻関係は解消できません。これは、民法が契約や婚姻は社会や人の関係の中で大切なものとして、重んじている思想の現れだとみることができます。この態度をもって民法は契約や婚姻に好感情をいだき、大事にしているとみることができるでしょう。また、解消理由として何を上げているかで、その事柄に対する民法の態度をみることができます。例えば、民法は、離婚理由をかなり限定していますから、婚姻関係は可能なかぎり維持されることが望ましいと考えていることがみて取れます。それは夫婦の個々の立場を尊重しつつ、子の養育の場であり社会の基本単位である夫婦中心の家庭が健全に継続することを期待していることの現れなのです。

＊　＊

共有についてはどうでしょうか。一つの物の上には同じ内容の物権は一つしか成立しないという原則がありますが、共有は、一つの物の上に所有権が複数成立するものなので、原則に対する例外です。

ですから、その扱いについて特殊な規定が必要となり、民法二四九条から二六四条で定めています。

その中に、各共有者はいつでも共有物の分割を請求できるという規定（二五六条）があります。甲、乙、丙の三人がある土地を共有しているとして、民法は、そのうちの一人だけの甲が、乙や丙の意向と関係なしに、共有そのものの分割を請求できるとしているのです。甲の持ち分がたとえ百分の一にすぎなくても、頭数において少数でも、一方的に分割を請求できるのです（分割しないという契約はできますが、期間は五年に限られています）。分割理由も不要です。他の共有者が分割に応じないときには、共有物分割訴訟により強制的な分割を実現できます。このように少数者でも理由なしに一方的に共有の解消を請求できるとか、不分割契約も五年に限っていることから、民法が共有を嫌う程度はかなり強く、「嫌悪している」と言ってもよい状態であると私はみるのです。

＊　＊

いろんな紛争の中で、共有関係に起因する紛争は総じて解決困難です。最近は、共有関係は、相続から発生するとか、夫婦で居住用不動産を購入する場合が多いようです。相続でも、きちんと単独所有に分割しておけばよいのですが、単独所有にすることが困難であったり、その時は仲がよいからあえて単独所有にまで分割しないで共有のままに置いておくことがあります。しかしそれも、年月の経過で事情や気持ちが変わっていくものです。土地を共有にしておくと、その利用や管理の関係、利益の分配や税金の負担など、日常的にいろんなことが生じ、調整をどうするかなどの問題が必ず派生しできます。そこからちょっとした感情の行き違いが生じたりして、紛争に発展することがままあるのです。夫婦の共有は、婚姻関係が円満に続くことを想定しているものですから、夫婦関係が破綻すると、どちらが居住するのか、ローンの処理をどうするのか等の問題が必ず生じます。この場合共有物分割をすること自体ができない場合がほとんどです。要するに、共有という法律状態は、社会的にも、経済的にも、人間関係的にも、歓迎できるものではありません。

＊　　＊

以前、小売業者が何十軒か集まった市場というものがあり、数百坪ぐらいの建物の中に、生鮮食料品店を中心とした生活必需物資を販売するいろんな商店が集まって、当時の消費生活の拠点になっていました。公設、私設等いろんな形態の市場がありましたが、場所を選ばなければなりませんし、ある程度の規模も求められる、そこにどういう小売業者を入れるか、日々の管理をどうするか、市場としての統一性を保っていくためにはどうすればよいか、といった資金面や経営面の問題を一人だけでカバーするのは困難だということで、私設市場では、仲のよい二・三人が会社組織にはせずに、資金を出し合い、共同で土地を買い、建物を建築し（土地建物の共有）、共同で市場経営をしようという形態がよくありました。

これに関する一連の約束を法的にみると、民法の組合になります。そして、二・三人で共同しますから、事業の開始時には威力を発揮しますし、仲がよい間は資金力や経営力が倍加して結構なのですが、経営面や経理面での疑いが生じたり、相続が発生して信頼関係が失われていくと、問題を生じます。

昭和四〇年代になって消費傾向が変わり、対面販売形式の市場は往年の勢いを失い始め、スーパー形式の経営に脱皮していかなければ生き残れないようになってきたのに、共同経営であるばかりに身軽に変身できないことが紛争に拍車をかけたのです。

私は裁判官としてこの種の訴訟を何件か担当し、解決の困難性を痛感したことがあります。判決に持ち込むことも困難でしたが、判決をしてみても、事柄の解決に役立つとは思えません。共有者の利害を判決により抜本的に調整することが至難であるうえに、テナントである小売業者の中にも考え方や立場の違いがあって、うまく納めることが困難だからです。一方の持ち分を他方が買い取るとか、第三者に売却するとか、テナントも巻き込んだ組織体にするなどの建設的和解ができるかが鍵でした。

＊　＊

これらを通じて、共有関係に冷淡な態度をとっている民法は、さすがに事柄や人情の機微を洞察していると実感したことでした。こうしたことから、夫婦による共有は別として（それも夫婦仲が破綻すると、処理に困ります）、共有そのものはなるべく発生させないでおくのが一番よく、一旦生じた共有は、仲のよい間に多少の犠牲を払ってでもなるべく早く解消した方がよいと考えるようになりました。私の共有観は、嫌悪論よりも、一歩先んじた回避論ということになります。

さらにこれを発展させて、もとは一緒に育ち、感情や利害の共有的関係にある兄弟も、なるべく離れて生きていけるようにするのがよいという人生訓を得たことでした。

第七章　調停のこころ

呉越同舟　――人の器――

処理の困難な民事事件で、甲裁判官が担当している間ははかばかしい進展が見られなかったのに、異動で乙裁判官に交代した途端、打って変わったような進展を見せ、通常の経過をたどって判決に至る、或いは和解ができることがあります。

事件の進行がもたつく理由はいろいろありますが、多く見られるのは、両当事者の呼吸がとことん合わないとか、主張が大風呂敷すぎるなどの理由で、主張や証拠の整理がうまくいかず、その事件に相応しい審理方法が確立しなかったことによるようです。

原告被告の相反する要請を飲み込みながらその事件に相応しい審理方針を立て、当事者の納得を得られれば、その事件についての法廷慣行が成り立って、膠着していた事件でも、もつれた糸をときほぐしたようにスッキリし、スムーズに流れ出します。

乙裁判官はもつれた糸を解きほぐしたのですが、その技倆は何によるのでしょうか。

うまく説明できませんが、比喩的に言いますと、その事件に相応しい「舟」を造って、それに裁判官も当事者も乗ることができたからと言ってよいでしょうか。敵対する者同士が同じ場所で協力するという意味の「呉越同舟」が成ったということです。この舟（「同じ土俵に上がる」の土俵という言い方もできますが、裁判には方向性が必要ですから、舟の方が適切です）は、手続を主宰する裁判官が造って提供しなければなりません。その舟には両当事者が乗る予定ですから、造る際に両当事者の意見や立場を十分に観察しておくことが肝要です。

その舟を造るには、法律的な素養と経験の外に、全人格なところから出てくる要素が重要です。温かさや熱意、迫力も内容になる「人の器」が求められるのだと思います。

＊　＊

『人間の器量』（福田和也著、新潮新書、二〇〇九年）には、帯に「なぜ日本人はかくも小粒になったのか」とあり、著者は「政界、官界、財界、どこを見回しても大人物というほどの人はいないではないですか。言論界も同じようなものです」と慨嘆します。そして、大人物の例として西郷隆盛、伊藤博文、原敬、松永安左衛門、山本周五郎らを挙げています。ここで言われる器の大きさの具体的な内容は、清濁併せ呑むような、ぼうようとした、目先のことにとらわれずに先を読む力、実行力を持つ人のようです。そして、器量を大きくする五つの道として、「修行する」「山っ気をもつ」「ゆっくり進む」「なにももたない」「身を捧げる」を挙げています。

もっとも、裁判上必要な「人の器」はもう少し小振りというか、異なったものだと私は考えています。あえて名付ければ「裁判官の器量」とでも言いましょうか。

＊　＊

強制的に争いを解決する裁判と違って、合意で争いを終結するところから条理にかない実情に合った解決ができる調停では、どのようになるでしょうか。

合意を斡旋するのが民間人である調停委員なのですが、相争っている双方を説得し、上記のような舟を提供し、呉越を同舟させるためには、裁判で要求されるような「人の器」が必要になります。それだけではありません。裁判ならば拒まれても、無理矢理に同じ舟に乗せてしまう手だてが与えられています。また証拠調べをして判決をすれば、真の解決になるかどうかはともかく、事件は終結します。しかし調停では、当事者の話を聴いて説得し合意に達しなければ事件は落着しません。しかも調停委員には裁判官に与えられているような強制的権限は一切ないのです。おのずから調停では裁判の場合より乗りやすい舟を提供することが要請されます。そのために調停委員が備えるべき資質と素養はどういうものでしょう。

＊　＊

民俗学者の宮本常一著『忘れられた日本人』（岩波文庫、一九八四年）に易者の話が載っています。以前には農村や漁村に易者が滞在することがありました。その易者は、その地の日常生活の全般、農業や漁業のやり方等について、なんでも知っており、みずからも調べ、長年にわたるいろんな相談を通じて実地に知識を増やしていく存在です。だから相談に対して実情に合った的確な易、つまり答えが出せる。それで広い地域で厚い信用を受けています。ひと所にしばらく滞在して、次の村に呼ばれて行き、滞在します。易者が金持になるようでは私心があって本物ではないとのことで、貧乏だが食うには困らぬというところに留まっているのが本物だそうです。街角で占っているような易者は易者ではないと言います。調停委員が相談に乗ることはないのですが、この易者のような素地を持っていると舟造りのうえでも、説得のうえでも力を発揮することでしょう。

案件は多様なうえ、もともと合意ができず紛争になっているのですから、合意の成立は至難です。調停委員の過去の経験だけで対応するには無理があります。プラス・アルファの力が必要になりますが、どうすればこういう力が身につくのでしょう。

この点では、坂本龍馬が仇敵同士と言ってもよい関係にあった薩摩と長州を説き薩長連合を成立させたことが参考になります。その成功の要因は、①龍馬の無私であり、②龍馬に「新しい日本の創造」という志があったことであり、③命をかけても薩長連合を成立させるという強い意志があったことだと言えるでありましょう。調停に当てはめると、①からは最高の解決案ができますし、信頼を獲得できます。③は言うまでもないことです。

②については、「新しい日本の創造」という目標を「理想の日本の創造」と読み替えて調停の志を築くとよいと思います。新しい日本は龍馬らのお蔭で創造されたのですから、次はその理想化になる筋合いです。すなわち、調停は「和を以て貴しとなす」という日本古来の習俗に合致しますし、合意で紛争を終結させることは真の解決をもたらすものです。それに、紛争を強制的に解決するのではな

く、条理にかない実情に合う形で自主的に解決する範囲の広い社会の方が、そうでない社会より文化度が高いのですし、「法の支配」の実質化ができるのですが、そういう文化は調停こそが醸成できるものなのです。これこそ「理想の日本の創造」と言えるのではないでしょうか。

以上の三つの要因を備えることは、個々の事件の解決のうえでも、調停委員の器を大きくするうえでも、少なからず役立つことと思います。

平成二五年一月二一日　神戸調停協会講演

「調停委員には教養が必要である」と言われるのは何故なのか

一　教養が役立ついくつかのこと

どんな具合に教養が役立つのか、各論的にお話します。

「各論的に」と言いましても、やはり抽象的になりますので、キーとなる言葉をゴシックで表すことにします。

＊　　＊

さて、教養ある人は、物事を**広く見渡す**ことができます。それも現在のことだけではなく、過去と未来のことも含めて見渡すことができますから、広い視野があることになります。すると、そうした広い視野のもとで総合的な判断をすることになりますから、その判断は均衡がとれることになるはずです。つまり教養のある人は、**広く深い視野があり均衡の取れた総合的な判断をする力**を持つことになります。つまり常識的な見方、判断ができるということです。

それを別の言葉に言い換えると、バランスのある判断ができるということ、つまり**バランス感覚**があると言うことができます。**センスがある**とも言います。

そして、こういう広く深い視野があり、バランス感覚に富んでいると、**新しい事態、或いは想定外の事態にも、あわてずに、バランスよく対応できる**ことになります。

＊　＊

少し余談をいたします。

ノーベル賞を取られた福井博士と雑談をしていたときのことですが、私がこういう質問をしました。「世界最先端の研究をしていると、その研究の先が袋小路に突き当たるかもしれませんね。そうではなく、今の研究の先が抜けているということがどうして分かるのですか」

福井博士は「センスがあると、そういう最先端でも悪い道は選ばないことができるのです。」と言われました。

最近ノーベル賞を取られた山中教授は「私達の研究は、暗闇でバットを振っているようなものだったが、必ず何かが飛んで来ているという確信はあった。その確信は、先行する研究からきている。」と言っておられます。

最先端の研究者のことですから、必要なバックボーンの高度性は私達の想像を絶するのでしょうが、そのバックボーンに当たるのが、私達の場合は教養ということになるのだと思います。

＊　＊

本論に戻ります。

教養のある人は、広い視野を持っているから、おのずから**判断や行動が柔軟で奥行きと余裕**があって、かたくなではありません。自然な**包容力**があることになります。包容力というと、例えば西郷隆盛などを想起します。西郷の包容力は生来のもののようでもありますが、西郷もよく勉強していましたから、後天的な努力による仕上げがされているのでしょう。ここで言う包容力は、生来のものではなく、教養が導き出してくる後天的な包容力を考えています。

また、このように判断はかたくなではありませんから、考え方や受け止め方を、必要に応じて自在に変える**柔軟性**がつくことになります。「君子は豹変す」というのもここから来るのだと思います。

＊　＊

調停の進行の仕方、速度などでもバランスが大切です。調停の過程や内容の全般にわたってバランスがとれていると、**当事者は安心感を持ち、調停委員を信頼し、調停委員の言うことを自然に受け入れますし、納得します**。

裁判や調停では正義感が大切だとの言い方もできますが、それより広く、正義感もバランス感覚の一つの発露であると受け止めた方が、気負いのない調停ができるように思っています。

と言いますのは、こういうバランス感覚から導かれる正義感は、イデオロギーから導かれる正義感よりも静かで、気負いがなく、当たりが柔らかですから、事に臨んで摩擦を生じないのです。

調停では、イデオロギーとまでいかなくても、価値観の違いにぶつかることが多いと思います。当事者の中には自分勝手な言い分、価値観で、ことに向かおうとする人がいます。これに対して理屈で責めてもまず通じません。特に調停委員の価値観で押さえ込もうとすると、反発を招くだけです。芯はあるのだが、当たりの柔らかな押しで、「あなたの考えている世界とは別の世界がある」ということを知らせるために、じわじわ押していくのが一番です。というか、それしか方法はありません。

この芯があるくせに当たりの柔らかな、摩擦を生じない押しを命名して、私は**「豚の鼻」**の強さと言っています。柳に枝折れなし、という言い方にも似ています。

豚の鼻は、強いものでして、豚は堅い土でも足ではなく鼻で掘りますが、そうしても摩耗しないのです。押しにも強いですし、切っても切れず、叩いても壊れない、いわば鉄より強いものなのです。対人関係でもキンキンしたところがなく、柔らかく押して、納得させる強さがあります。雰囲気的にも愛嬌があって、反感を持たれないと思います。

ですから、裁判官でも政治家でも、もちろん調停委員でも、豚の鼻の強さを持っているタイプが望ましいのです。

もっとも、豚の鼻が強いといっても、やはり鍛えなければならないと思います。鍛え上げた鼻は、猪にみることができます。

女性に「豚の鼻」云々は抵抗があるでしょうから、**アルデンテ**と申し上げておきましょう。アルデンテとは歯ごたえのある食感をいうイタリア語で、パスタのゆで加減の丁度よい加減のことをいいます。表側には柔らかみがあるが、絶妙なしんのある状態を言います。アルデンテのような人という言い方は褒め言葉になるようです。

この「豚の鼻」も教養から導かれるものです。

＊　　＊

さて、先程「当事者は自然に受け入れる」といいましたが、それは**信用されるということです。これが調停で強大な力を発揮する**。**教養ある人のたたずまい、発言は人を納得させる雰囲気を持つものです。これが調停で強大な力を発揮することは言うまでもありません。**

当事者側からすると、素直に、本当のことや本音を語る気持になる人ということになります。

そして、そういう本音の話を引き出すということを、調停委員に即して言うと、**聞き出す力**、もっと簡単に言うと**聞く力**があるということになります。

聞いたところを理解しなければなりませんが、教養を背景として聞きますと、当然その意味するところを深く理解できることになりますから、**理解する力**がある訳ですし、語られた内容以上に**洞察する力**もあるということになります。

そして、教養ある人は、**正当な判断力**があって、**言葉力**、つまりその場に適切で、説得力のある言葉を選ぶ力がありますから、**説得力**につながるということになります。

＊　　＊

言葉力の関係で、違う局面からお話ししますが、**「教養とは引用の才」**であると言われます。いろんな文献に現れている、よく知られた言葉とか考え方を、記憶していて、適切な場面でそれを取り出すことができることになるのです。ですから、極端なことを言いますと、ある思いを表現するときに、ほとんど全部を古典から引用しながら、つまりこの言葉の原典は万葉集だ、古今集だ、源氏物語だとか、漱石だとか、何々だとか言える言葉で綴りながら、自分の言いたいことを語り尽くすという芸当ができるのです。しかも聴き手は説明、注釈なしにその引用のことも分かっているという会話がありうるのですが、こういう高度の会話はどこにあるでしょうか。極めて希なケースでしょうが、ある種の茶会などにありうるのかもしれません。

和歌の世界に、「本歌どり」というのがあって、意識的に先人の作の用語・語句・描写などを取り入れて作ることを言います。引用していること、その出典を鑑賞者も分からなければならないのですね。するとどうなるかですが、わずか三一文字の世界なのに、時代も場所も状況も、広く、大きく広がっていって、大きな或いは微妙な表現ができることになりますし、それを第三者も客観的に鑑賞できることになるのです。

去年（平成二四年）亡くなった丸谷才一に『新々百人一首』（講談社、一九九九年）があります。丸谷才一が新たに百人一首を選び、その選んだ理由を綿々と書き綴った、かなり大部な本です（「新々」というのは、『新百人一首』（一四八三年）という本がすでに出ているからです）。ただもう、丸谷才一の教養の深さに驚かされる、というより、和歌を理解するためにはここまでの教養が必要なのか、教養があるとここまでのことが分かるのか、とびっくり仰天する本です。

＊　＊

調停の関係に戻りますが、「引用の才」が調停では比喩の利用に現れます。紛争の当事者はある意味で興奮状態にあるのですが、ちょっとした比喩、それは諺でも文学でも川柳でも日常のことでもなんでもいいのです。似通っているが違う側面を見せる比喩を用いると、当事者はふと自分に返るというか、客観的になって気分が変わることがあります。すると、事柄の落ち着きをどうすればよいのか、どうしなければならないのか、どうとしかできないではないか、などのことが見えてくるのです。和解に近づく第一歩となるわけです。

それから、教養ある人は、**好奇心**が旺盛であると思います。おそらく、知識が知識を呼ぶのではないかと思います。本を読むと、本が本を呼ぶところがあって、一が二を呼び、二が四を呼ぶように等比級数的に広がって読書の範囲がどんどん広がっていくものです。それと同じで、好奇心が更なる好奇心を発展させていきます。これは自己増殖でして、増殖のための栄養、エネルギーを必要としません。そして、好奇心が旺盛だから、いろんなことを知っていき、頭や品性が磨かれていき、ますます教養が豊かになるのでしょう。教養が先か、好奇心が先かはともかくとして、どちらかがはじまると、他が刺激され、まるで、お互いに競争しながら、手をとりあって、螺旋階段を上がっていくように、高みに至るのだと思います。これは科学者によくみられるパターンですが、教養と好奇心にもその関係がみてとれるように思います。この好奇心が旺盛であるということは、裁判や調停に携わる者には大切な資質だと思っています。

＊　＊

調停委員には共感する力があることがとても大切です。共感とは「他人の感情や主張を自分も全く同じように感じたり理解すること」と定義できますが、この共感力があると、事柄を深く理解できるのです。「できる」というより、「できてしまう」という方が正確です。教養はこの**共感力**を自然に醸成すると思います。そこから自然な**やさしさ、惻隠の情**（いたわしく思うこと、あわれみ）、**あたたかさ**が滲み出ます。

＊　＊

一言言っておきますが、調停における共感は、裁判において裁判官がする共感について求められるものと同じでして、当事者の一方について共感するのではなく、互いに争っている二人、いわば水と油の関係にある双方に等しく共感するという、言い換えますと、**正反対の感情や主張に等しく共感するる**という、普通世の中では求められないと言うか、ありえないとされる、大変な共感でして、一体そういうことが可能なのか、それは神の業ではないのかという疑問が生じるのです。私はそれも可能だと思っています。

教養ある人は、物事を自分の世界に持ち込むのではなく、状況に応じた適切な判断をして**柔軟**に対応できます。この反対がワンパターンの対応です。強引に自分の土俵に持ち込んで事柄を処理しようとする態度です。

いままでに申し上げた教養ある人の特徴から、教養ある人は**適切な解決策を提示**できますし、それは自然に当事者の**納得を得る**ことができることになります。

＊　　＊

また、教養ある人は、当然自分に自信があり、思慮分別がありますから、**忍耐力**、**持続力**がありま す。一気に突出しません。おのずから突然怒り出すということもありません。これは静かな勇気の出る礎です。その勇気は「匹夫の勇」（思慮分別がなく、ただ決起にはやる勇気）ではありません。ただし勇気は自然に出るものではなく、やはり「えいやっ」と引き出すものだと言います（宮本輝『にぎやかな天地』（中央公論新社、二〇〇五年））。そして「えいやっ」と勇気を引き出すと、その人の中に眠っていた思いも寄らない凄い知恵と、もう一つ、この世のいろんなことを思いやる心が出てくるものだそうです（宮本輝）。そしてそれは、私の経験から推して、そんなものだと思います。この二つの派生物は、もとの勇気とともに、調停や裁判にコペルニクス的転回を及ぼすことがあると思います。

一般に教養ある人は**実践力**があるもので、その点が趣味人と決定的に違うところです。調停委員は趣味人ではいけないのです。よい判断はできても説得のできない調停委員は、値打ちがないのです。

また、教養のある人は、基本的に**協調性**があります。性格にはいろいろあり、時には協調という面ではマイナスに働く性格もありますが、教養があるとそのマイナス面が修正されますし、協調の大切さ、よいところがよく分かっていますから、一般的に見て協調性があると思います。

調停は二人でするものです。二人で協調してよい調停をしなければなりません。教養のある二人が一緒になると、**相乗効果**（経営戦略でよくいわれるシナジー synergy 効果。合併により、かくかくのシナジー効果があるから、合併する、などという使われ方をする言葉）が出ることになります。ところが実際には、二人が一緒にやるとかえって悪くなることがあります。それを嫌って一人でやりたがる人を見掛けますが、それだけで調停委員資格がないと言わざるをえません。

＊　＊

次に、教養ある人は、重要な意義を有する事柄や仕事に携わると、その責務を誠心誠意、可能な限り尽くそうという志（こころざし）を持つものです。私は調停委員は**重要な意義を持っている調停に尽くすという志**を持つべきであると考えていまして、この志というものは、教養のある人が調停委員になり、調停という仕事の重要性に開眼すると、自然に生じるものなのだと思います。そして、教養に志がプラスしますと、「鬼に金棒」効果が出ることになるのです。そしてこれが大切だと考えています。

その流れから、教養ある人には**根気**があるように思います。それは努力する才能と言ってもよいのですが、先程言いましたように、山中教授がｉＰＳ細胞を発見されるまでの努力、なんでも暗闇でバットを振っているような実験の連続だったそうですが、しかし何かボールは飛んできているという明確な確信はあったようで、それは学問的教養から来るのだと思います。ですから、全く無駄なバット振りではない確信はあったのです。ですから根気ができます。

＊

以前に文章にも書きましたが、調停委員は**無名**の存在に徹し、**無私**の状態で調停に臨むのが大切です。「俺が俺が」とか「私が私が」という自我が出ると、二人で協調するということが出来ませんし、物事の微細な特徴が見えません。そもそも、当事者に対する自然な説得力を導き出せません。これも教養から導かれる徳目だと思います。

教養ある人は、自慢しません。誇りません。自分というものを出しません。自分というものを自分が出さなくても、自然に光るあるものを持っているからです。星で言うと、惑星ではなく、恒星です。恒星とは自ら光りを発する星のことです。その最たるものが北極星です。

＊

最後にとても重要なことを申し上げます。裁判でも調停でも、人と社会を対象にしていますから、人と社会が分かること、それは一般論として人と社会が分かるだけでなく、個別具体的な、当該事件における人と社会が分かる必要があるのです。とても難しいことなので、裁判官でもかなり意識的な勉強とか努力をして年輪を経なければできないことだと思います。こういうことが、教養があると、出来てしまうものだと思います。

＊　＊

以上申し上げたいろいろなことからお分かりいただけたと思いますが、こうした長所を持った調停委員は、かならずやよい調停をされることになります。別の言葉で言いますと、理想の調停委員ということになります。「青い鳥調停委員」という表現をしたことがありますが、この青い鳥調停委員を求め、目指していただきたいと思います。

そして、その外側から見えるたたずまいは間違いなく、おだやかで、物静かで、ゆったりしているが、自信にみちた豊かな雰囲気をたたえておられることでしょう。こういう人は、絶対に当事者から信頼されます。

実は逆に、こう考えていただいてもよいかもしれません。つまり、理想の、よい調停委員というものを想定して、その人が持っている徳目を列挙していけば、その徳目を持っているという理由は実は、教養があるからだ、という風に考えてよいように思います。それほど調停という仕事には教養が必要、重要なのです。

二　教養を身につける方法

(一)　はじめに

教養とは、言い換えれば、自分を客観視することができることの素地なのです。自分を客観視するということは、自分の程を知ることです。教養のある人は広い視野でものを見ますから、自分をも広い視野、つまり客観的に見ることができるのです。すると、そこから自分の欠点や長所がよく見えますから、反省もできますし、長所を伸ばすこともできます。対人関係でも好ましい状況を作ることができる、と発展します。

しかし、自分を客観視するということは実は大変難しいことなのです。優れた宗教家ならいざ知らず、凡人にはなかなかできることではありません。今申しました読書も、実は知識を増やすだけではなく、自分を客観視する力を与える点に、価値があるのだと思っています。自分を客観視するための学校みたいなものです。学校が教育を受けるための一番効率がよくて、楽な道なのです。

世間には、学校にも余り行けず、読書をする環境にもないのに、視野の広い立派な人がおられます。或いは家庭だけに居た主婦でも、立派な視野を持っている人がおられます。おそらくその人々は、ある立派な心掛けがあって、何かの機会に自分を見つめて何かを会得した人だろうと思います。そういう入り口もあるのです。これをまず申し上げておきます。

＊　＊

それともう一つ。これから話すいくつかのことを全部網羅してほしいというので申し上げるのではありません。できれば全部網羅していただくとよいし、それは可能なのです。一つでもよいのですが、せめて二つ実行していただくと、効果は二倍以上の相乗効果がでると思います。

(二) 方法その一　文学に親しむ

読書の重要性は、数学者の藤原正彦さん――『国家の品格』(新潮社、二〇〇五年)の著者――が強調されるところであります。

曰く。「国を切り盛りする日本のトップエリートは欧米に比べ層が薄いうえ、教養の点でも負けています。原因はただ一つ、読書文化の衰退、活字文化の衰退です。私の学生もあまり本を読んでいません。」(「読売新聞」朝刊平成一九年一二月二二日)、「弱者や敗者への惻隠の情をはぐくむには、実体験だけでは足りない。詩歌、物語、小説などを読むことが大切です。断片的な情報が欲しいならインターネットですむ。読書においては、情報は副産物であり、目的ではありません。」(同一二月二五日)と、言っておられます。

＊　＊

私は、裁判官等公務員たるもの、読書をしなければならない、それも読書のアマチュアではなく、読書のプロにならなければならない、と思っています。思ってきました。非常勤といえども公務員である以上、調停委員も同じです。

＊　　＊

その理由の一つは、物事がよく見え、よく分かるためです。これは読書の効用で一番重要なことになるでしょうか。

当事者の提示する複雑系の話、要するに整理整頓していない話、というより整理整頓できない話を、大雑把にしろ、過たずに、その本質的な流れを掴む能力、これを「文脈が分かる」と言いますが、そういう文脈が分かる力を養成するには、読書が一番なのです。

「文脈が分かる」ということは、論理の構造が分かるというだけではありません。話の論理だけではなく、人情の機微とか、その場の雰囲気とか、流れとか、論理だけでは説明しきれない総体を含めて、全体の色彩感のようなものも感じ取り、理解することを言いますが、こうした全体像を掴む能力は、読書によって培われるものなのです。

＊　　＊

理由の二は、人が分かるようになります。

人を分かるようになるためには、沢山の人、それも生い立ち、職業等種類の違った人、優れた人、そうでない人等レベルの違った人と、本音をさらす真剣な会い方で会うのがよいのですが、実際はそんなことは不可能です。例えば、デパートの店員は、沢山の人に会いますが、今言ったような会い方ではありません。教養を育むような会い方ではないのです。

しかし、読書では実に沢山の人に会えるのです。

一例として、最近に読んだ関容子の『舞台の神に愛される男たち』（講談社、二〇一二年）に触れますと、この本は、柄本明とか、笹野高史らのことを活写しています。ここでは、著者は、男優と対話することを基本としていますが、その前に、関容子は、昔からその男優の芝居や他の芝居を実に沢山観ており、それらを背景として、対話を掘り下げているのです。ある役者が「あの芝居を観ていてくれたのか」と驚いて、大切な秘話を話してくれるようなことがあって、実に面白い本になっています。読者はこれらの役者に会ったような感触が得られます。いや私達が独自で会ったとしても、このような会い方は不可能でしょう。関容子の教養があって初めてこのような会い方ができるのです。

*　　*

理由の三は、言葉力を増やすためです。調停委員は、とにかく言葉を通じて情報を得、言葉によって整理分析をして、結論を導き、言葉を通じて発信していく仕事です。行動としては、読み、聴き、考え、話し、書くという動作ですが、読むにしても、聴くにしても、考えるにしても、話すにしても、書くにしても、事柄を受け止め、理解し、検討し、分類し、要約するなどの作業が必至ですが、その道具はすべて言葉です。言葉を自在にこなせなければなりません。一言で言うと、言葉力がなければなりませんが、言葉力を涵養する、一番よい方法は、読書です。外に的確な方法はありません。多数の人と交際し、会話をする、ということも、一つの方法でしょうが、たとえそれが教養あふれる人たちばかりとの会話、交際であっても、読書ほどの普遍的な効果を期待することはできません。「一に読書、二に読書、三、四がなくて、五に読書」といってよいほどです。読書で鍛えた言葉力を持っている人の書いた文章は、輝きがあるものです。

＊　＊

理由の四です。読書によって、リアルタイムに今の、或いは少し前の、生き生きした感覚を常に保持できるのです。時代の空気を感じ取るセンスを持つということです。

調停委員は、現在の、自分が経験もしていない事件を扱い、解決しなければなりませんから、やはり、現在の感覚を持っていなければなりません。そのためには、私は、現在只今出たばかりの、優れた文学作品を読むのが最も手っ取り早い方法だと思っています。演劇でも、映画でもよいでありましょう。しかし、一番身近で、簡単で、内容豊富なのが文学であろうと思います。「優れた作家は、その存在そのものが、鏡のように、時代を映し出す」とも言われます。

何故なのか。優れた作家は、優れた感受性をもって時代とその動きをじっと見つめているというか、自分の命を削るようにして激しく見ているもので、かつそれを正確な文章にして残しているからであります。また優れた作家自体が、すぐれた現代の作品の読者なのです。作家は同時代の、内外の作家の本を、それもその選択力によって優れたものと判断したものを実によく読んで、きちっと把握しています。ですから、その作品には、現代を凝縮したものが反映しています。そもそも文学者は、現在を把握し、それを描くことを目的とするものなのです。

＊　＊

理由の五です。理由の四と同じようなものですが、読書をしていると、時代の先端、というよりも、まだ時代が意識していない問題意識を持てるようになるのです。それは、作家というものが時代の先端、これから何が問題になるかを予感して作品をつくるところがあるのです。『恍惚の人』（新潮社、一九七二年）、『複合汚染』（新潮社、一九七五年）という言葉は、有吉佐和子ですし、「斜陽族」は太宰治（一九四七年）です。「一億総白痴化」は大宅壮一、『団塊の世代』（講談社、一九七六年）は堺屋太一です。

有吉佐和子は、『日本の島々、昔と今。』（集英社、一九八一年）で早くも、竹島、尖閣諸島の問題を扱っています。すごい予見です。

一言で時代の持つ決定的な本質を掴み、それを表現する力があります。とにかく作家は時代に先行するセンスを磨いていますから、それに親しんでいると、こちらも同じように感覚が研ぎ澄まされます。すると、当事者はもとよりとして、調停委員も、言葉としては、問題の所在を明確には把握していなくても、この事件には、何か既往の価値観では絋まりきらない、新しいものがあり、そういう問題意識で臨まなければ真の解決は得られない、と分かることがあるのです。

こうして、問題点を先取りした解決は、それは裁判でもそうですが、当面の事件を適切に解決できるだけではなく、時代を指導する働きをするものなのです。

＊　＊

理由の六です。作家の出久根達郎は、読書の効用として、「人相がよくなる」と言っています。「卑しくない顔になる」と言っています。本屋や図書館で本を探している人、読んでいる人の表情は例外なく美しい、というのです。

教養の定義のところでも言いましたが、知識や常識が教養に転化すると、人格、品格を高める効果がありますから、「人相がよくなる」というのは当然の帰結ではあるのです（逆に、これらを高めるような読書をしなければならないと言うことができます）。

＊　＊

理由の七です。実学を学べるということです。

詩人で、文芸評論家の荒川洋治はこのように言っています。

文学はつくりものであり、実際にあったことではないという意味で、虚学である、事実に基礎を置かない空想上のもので、単なる楽しみにすぎない、という見方が今世間に流布しているが、そうではない。実学である。「この世を深く、豊かに生きたい。そんな望みをもつ人になりかわって、才覚恵まれた人があざやかな文やことばを駆使して、ほんとうの現実を開示してみせる。それが文学のはたらきである」といい、いくつかの作品を例示した上、「となんでもいいが、こうした作品を知ることと、知らないことでは人生がまるでちがったものになる。それくらい激しい力が文学にはある。読む人の生活を一変させるのだ。文学は現実的なもの。強力な「実」の世界なのだ」（荒川洋治「文学は実学である」随筆集『忘れられる過去』（みすず書房、二〇〇五年）所収）と言っています。

＊　＊

人はなにもかもを経験することは不可能です。例えば殺人を自ら犯すという経験をすることはできないのですが、文学から殺人をした経験に等しい経験ができるのです。

＊　＊

皆さんのする読書は、優れた本であること、現在只今の本であること、ジャンルが広いことであることが望ましいと思います。現在只今の本で、しかも優れていることをどのようにして見出すのか。これは至難というより、不可能かもしれません。そもそも、本というものは、中身が分からない買い物なのです。こんな買い物は、外にはありません。極めて特殊です。中身が分からないのに、良い内容の本であることがどうして分かるのか。

その点、古典は選ぶ上で楽です。間違いがなく良いものという評価が定まっているからです。若いころには「古典を読め」とよく言われ読んできましたが、当然全部を網羅しているわけではありません。そして、今でも古典を読まなければならないと思っています。

「古典」という言葉が何を言うのかについてお話します。

古典は、英語のクラシックの訳語ですが、クラシックというものは、もともとは、ラテン語のクラシクスなのだそうです。クラシクスというのは、艦隊の意味です。艦隊という以上、軍艦が少なくとも二・三隻以上あることを意味します。

ローマでは、艦隊を作るのに税金によらずに、寄付によっていました。ローマの国家の危機に際して、国家のために軍艦を一隻ではなく、艦隊（クラシクス）を寄付できるような富裕で、国家の役にたつ人のことをクラシクスと言っていました。

人間の心に移して考えてみると、人間はいつでも危機に面する可能性があるのですが、こうした人生の危機に面したときに精神の力を与える、そういう書物や作品をクラシクスと呼ぶようになった、のだそうであります。

昨年（平成二四年）亡くなった碩学の今道友信の説明です。

今道博士によると、古典という訳語は適切なのだそうですが、上の説明からは「古い」ということは要件にはなっていないことが分かります。

＊　　＊

新しい本のうちの何を読むべきかですが、出来れば、新しくてしかも古典としての価値のある本を読むことができれば、最高なのです。

さてそこで、毎年二月一日に、読売文学賞の発表があります。一つのおすすめは、読売文学賞を取った本は全部読むようにするのです。小説、戯曲・シナリオ、随筆・紀行、評論・伝記、詩歌・俳句、研究・翻訳とジャンルが広いのがこの賞の特徴ですし、その水準の高さは、過去の受賞本を見れば分かります。

小説だけに限ってみても、実行の価値はあると思います。

別のおすすめは、みすず書房が毎年二月に出す、「みすず」一・二月号「読書特集」です。日本中の著名な読書人、よく読書をする一流の学者に「今年中に読んで感銘を受けた本を五冊あげてください」というアンケートを出して、その答えと理由をまとめたものです。

碩学といわれるような人がそれぞれ読んで感銘を受けたという本が並んでいるのですから、書評が扱う本以上の、素晴らしい掘り出し物があります。私はここからどれほど貴重な本を教えられ、読んだことか。専門以外の本を推奨される学者が本当の教養人だと思う次第です。

* *

ある本が本物か、そうでないか。時間をかけて読んでいかなければなりません。そして、批判力を蓄えることが大切です。読書力がつくと、批判力も上がるものです。すると、同じレベルの本ばかりを読むという愚はしなくなります。本当の読書家は必ず右上がりになるはずです。漱石が好きだとして、いつまでも漱石ばかりを読んでいるようなことではいけません。必ず、別の栄養を身に入れたくなるものです。そして、上へ上がっていくべきです。その上への上がり方は、螺旋階段のようなものでして、グルグルと回りながら、同じ地点に来たときに、また漱石を読めば、以前より高い視線で読むことになりますから、受け止め方がより高度になっているはずです。

＊　＊

皆さんは、高坂正堯（亡くなってもう一五年位になるでしょうか）（平成八年没）という政治学者をご存じでしょうか。すぐれた感覚を持っていた人で、その論文は、時代をえぐるようなところがあるのですが、彼はそれについて自信があったようで、時期を異にして発表した論文をまとめて本にするときに、発表の時のまま、つまり手を加えずに本にしています。すると、彼の過去の指摘が正しいことが、時の経過が証言しているのです。例えば、中国の文化大革命ですが、「文革」ですね。一九六六年から七七年まで続いた極左運動でしたが、日本の新聞や学者が高く評価していて、それが日本の潮流になっていましたが、そうした中で、高坂は、それがいかにインチキで、悪い運動かを、当時において明確に指摘しているのです。そして、この見方が正しかったのですね。この彼の論文の「時代えぐり性」の背景は、歴史に詳しいことと幅広い教養だったと思います。

(三)　方法その二　文章を書く

文章を書く、ということは、自分の考えを客観的にすることです。それが発展して、自分自身を客観的に見ることになります。自分の客観視です。

これが教養の基礎であることは、前述しました。

どんな文章でもよいのです。日記でもよいのですが、できれば人に読ませる文章を継続的に書き続けるのがよいと思います。

もっと言えば、印刷されて、多数の、いろんなタイプの人が読む文章を書く機会があれば、最上です。客観的に読んでくれる人が複数、それもタイプの違う人であれば、その文章の持つ長所、短所があぶり出されることになるからです。

しかし、そこまでいかなくても、調停の期日メモで、裁判官対象の文章を書くのもよいかと思います。

＊　＊

文章をいつも書いている人、その典型が作家ですが、記者もそうです。この人達は、自分の考えをまとめる、人に分かりやすくまとめる達人です。その資質は、調停委員の仕事の役に立つはずです。

(四)　方法その三　美に親しむ

美に親しむことは、教養を高めます。

美としては、絵画、彫刻、建築物、音楽等々様々のものがあります。美そのものが我々に感動を与え、精神活動を豊かにし、人格や品格の涵養に資するものであることは、皆さんも知っておられ、日々そういう美的生活を送っておられると思います。

何故そういう効果があるのか、についてはいろんな分析ができますが、ここではバランスについて申し上げます。

バランスの極致が美であると言うことができると思います。美しいものに日々、或いはしばしば触れておれば、おのずからバランス感覚が醸成されるはずです。教養の根幹はバランス感覚ですから、教養も涵養されるはずなのです。

美と言えば、ギリシャに源を持つ西洋の美があって、日本人も親しんでいまして、それが貴重であることは言うまでもないことです。しかしまた、日本には日本古来からの美意識があり、それは別に西洋と隔絶したものではないのですが、日本の社会を前提とすれば、日本の古来からの美的感覚をなおざりにすることはできません。

内藤湖南や司馬遼太郎の説によると、奈良時代の感覚は外国だと思う方がよいと言います。現代は、室町時代からの感覚であると言います。その説は実体に合うと私も思うのですが、そうすると、現在の美的感覚は、『新古今和歌集』以来のものとなりますし、それはまた『源氏物語』に負うところが多いですから、こうしたものに親しむことも大切になります。

また、現在の直前である江戸時代も無視できません。江戸時代というと歌舞伎という総合的文化遺産がありますから、これに親しむことも有用です。
という訳で、いろんな美的経験を重ねることが有用なのだと思います。

＊　＊

今バランスの観点からお話ししましたが、美というものは、我々に元気、活力を与えてくれると思います。それも、古来の日本人と同類の元気、活力になるはずなのです。

＊　＊

音楽の話も欠かせません。イギリスの評論家ウォルター・ペイターが「すべての芸術は絶えず音楽の状態に憧れる」と言っています。あまり音楽論に入る時間がないので、詳しくは省略しますが、バッハから一九世紀ころまでのクラシック音楽は、数学的な秩序に則った、バランスの上に構築されており、その細部から全体の構造までまさに「神は細部に宿る」を地でいくような芸術ですから、あらゆる芸術の鏡になる地位にあるといえるようです。ですから、これに親しむことはまことに有用なはずであります。
その他諸々の美的な源はすべて有用だと申し上げておきます。

㈤　方法その四　すぐれた人との社交
人との交わりの中から教養を得ることができるということです。

というよりも、社交を欠かしますと、教養は成立しないと思います。つまり、万巻の書籍を読破していても、人との付き合いがなければ、教養としては発酵しないと思います。

＊　　　＊

私は、裁判官をしていましたが、裁判官時代に数名の民法学者と酒を飲みながら話をしていたときのことです。「学者はセンスがなければならない。一番センスがある学者は誰々だ」などという話題が出たのです。民法学者の間では、学問的業績もさることながら、センスがなければならないとされているようであります。ここでセンスがあるというのは、常識がある、バランス感覚に優れているという位の意味です。

その時、私が「では一体、センスというものはどのようにすれば磨かれるのでしょうか」と尋ねたところ、長老格の学者が「それは君、こうして酒を飲みながら、話をしておればよいのだよ」と言われました。

つまり、センスのある集団に混じって、会話をしたり一緒に食事をすることがセンスを磨く要諦だということなのです。

＊　　　＊

それにセンスというものは日々磨いていないとすぐに曇るものです。しかし、調停という世界が条理と実情を重んじる所である以上、昔から、つまり九〇年の昔から、日々常識を大切にしてきたところであり、やはり調停委員とは常識のある人々であり、そういう人々が集ってきたところであります。

つまり、調停委員の集いは常識家が集っているところとみなすことができるわけです。ですから、新人で、まだ調停委員としての経験の浅い方でも、その調停委員の集いに参加して、会話をしたり遊んだりしていると、おのずからセンスが磨かれることになるのです。

私は、そういうところに着目して、「調停委員の集団はぬか床である」という説を唱えておりまして、以前私が近調連（近畿調停協会連合会）の会長をしていた時に、近調連大会で、そういう話をしたところ、大いに賛同を得たことがあります。

調停委員の集団＝ぬか床説というのはこういうことです。なすびでも大根でも、ぬか床につけておくと、発酵作用により芳醇な漬け物になるように、新人調停委員を調停委員集団に置いておくと、芳醇な調停委員に化けるということを言ったものなのです。

その背景として四つあげます。
①調停委員がいろんな経験をもった人達で構成されていて、一枚岩でないこと、
②調停という仕事が条理と実情を大切にするものであること、
③個々の調停委員は、これは後に述べますが、いつも本物の事件に触れて磨かれていること、
④私は「調停委員は無名無私でなければならない」という講演をしたことがあり（大阪講演）、それは講演録もございますから、詳細は省略しますが、調停委員は、利を求めず、名も求めず、向

上心は極めて旺盛だが、お互いが競争することのない、いわば「水魚の交わり」のできる、そして実際「水魚の交わり」をしている集団であること、があると考えています。

＊　　＊

そして実は、こういう発酵作用を持った集団は、日本の社会にそんなに存在するものではないと観察しています。政治家の集団しかり（①のみ）、会社員の集団しかり（③のみ）、官僚の集団しかり（③のみ）等々であります。裁判官の集団はどうか。②と③と④はありますが、①のないところが、調停委員の集団に劣るでしょうか。

＊　　＊

私は、調停委員たるもの、他の調停委員と進んで「水魚の交わり」をしていただきたいと思います。しかし、調停委員の中には、自分の経験だけで調停ができるから、その必要はない、と言って集会に加わらない人、調停協会にも入らない人がいるようです。そういう人はこういう講演会にも出てこられません。

しかし、自分の経験だけで調停ができる、ということはありえないのです。自分の経験なんか、広い世間からすると、狭い狭い経験で、たまたまその経験が役に立つ事件はあるでしょうが、調停委員は事件を自分で選べませんから、どんな事件がくるか分からないのです。たとえ自分で事件を選ぶことができても、経験が一〇〇％生きることはないと思います。

自分の経験を大切にすることは必要ですが、それで全部をカバーできるという考えは捨てて、謙虚にことに臨まなければなりません。そういうときに他の調停委員との交わりは有用だと思うのです。

＊　＊

人との交際といっても、その対象になる人は、すぐれた人でなければなりません。すぐれた人と、私がいう人は、センスのある人のことです。「朱に交われば赤くなる」という諺が教えてくれるように、人は付き合う人次第で、良くも悪くもなるのです。

＊　＊

最近、山崎正和『世界文明史の試み』（中央公論新社、二〇一一年）を読みました。五〇〇頁弱の大著ですが、すでに名著という評判を得ています。大胆に要約すると、次のようになるかと思います。

「二五〇〇年にわたる世界文明の歴史を大きくとらえると、始めはそれぞれ別の文明だったが、一貫した流れがあって、今では地球的規模で、知的な考えを基盤とする社会のもとで個人の尊厳と民主主義を内容とする文明に収まろうとしている。これはほぼ終着点で更なる変化はないと見込まれるが故に、現在を充実したものにしなければならない。そのためには知的活動が重要だが、これは宿命的に孤独な営みであり、偶然の運（山崎は「湧きあがり」と言います）によらなければ飛躍できない。そうであればこそ、人は互いに影響を受けやすい環境を不可欠とする。そういう環境は階層構造の固定した「組織」の中にもなく、まして顔の見えない茫漠たる大衆社会の中にもありえない。それは相互に尊敬しあえる他者によって評価を受け個人の独立を保ちながら刺激を与えあう人間関係、ほかならぬ社交の交遊の中にしか期待できない。」

＊　＊

ということで、現在到達した、終着点としての知的基盤社会で知的活動を発展充実させるためには社交が鍵になる（先程の「運」）、というのです。

この「相互に尊敬しあえる他者によって評価を受け個人の独立を保ちながら刺激を与えあう人間関係」は、二五〇〇年にわたる文明の歴史の中から貴重な鍵としての地位を与えられたのですが、そういう人間関係は我々の周辺になかなか見つかるものではありません。しかし、私は、調停委員の集団こそ、そういう人間関係を作っているのではないかと思っています。

実際、調停委員の集団はワンパターンの集まりではありません。職業、経歴、経験、性別、年齢等々まことに多彩です。それらの人が、何か特別のことを目指すことなく、無心に「水魚の交わり」をすることがよいのだと思います。芳醇な漬け物ができあがるはずなのです。

㈥　方法その五　調停事件そのものが教師である

調停委員は、調停事件を通じていろんなことを学ぶことができます。事件当事者から話を聴き、話をすることによって、当事者にどれだけ多くの種類の人がいて、どれだけ多くの姿、色合いがあるか、とても言葉で言い尽くせません。調停委員は事件を通じてこれらのことを学ぶことになるのですが、その多様な事柄をただびっくりして眺めるだけに留めないで、自分なりに整理して学ぶようすがにしなければなりません。

（注）以上は、川口冨男先生が調停委員向けに行われた講演を、要約して掲載したものです。

平成二六年一〇月二四日　中部調停協会連合会講演

調停委員の基礎的素養について

一　対話力について

（参考文献）デヴィッド・ボーム「ダイアローグ」（金井真弓訳・英治出版、二〇〇七年）

調停で交わされる言語活動は、「聴く」と「話す」になりますが、調停の実際では、この両者は、交互に現れるというか、ある意味では合体して現れるもので、分断されるべきものではありません。それは対話とか討議という状況になるはずです。

＊　　＊

討議（discussion）は、打楽器（percussion）や脳しんとう（concussion）と語源が同じで、これには物事を壊す、という意味がある。ディスカッションは分析という考え方を重視する、つまり分析し、解体する。ディスカッションはピンポンのようなもので、人々は考えをあちこちに打っている状態だ。そしてこのゲームの目的は、勝つか、自分のために点を得ることです。

ですから、討議では、意見が一致することは少なく、物別れになるか、多数決で決めざるをえないことになります。

これに対して、対話(dialogue)は、ギリシャ語の「dialogos」(ディアロゴス)(through logic 論理を通して)からきた言葉で、人々の間を通っていく「意味の流れ」というイメージのものである。そこでは、点を得ようとする試みも、自分の意見を通そうとする試みも見られない。それどころか、だれかの間違いが発見されれば、全員が得をすることになる。人々は互いに戦うのではなく、「ともに」戦っているのです。

＊　＊

先日、ある会で、もと検事総長であった人と雑談をする機会があったが、いろんな話をしていたその折りに私が「検察官として成長する人はどんな人ですか」と質問しましたら、もと検事総長は即座に「対話力のある人です」と答えてくれました。

検察官は、いろんな人を取調べます。そうした局面で、「対話」ができるというのは、難しいことだと思われます。対話が成り立つには、自分が謙虚になることを前提として、相手の人が分かる、相手の言うことが分かる、相手の価値観が分かる、という状態で、先ほど言ったような「意味の流れ」を作っていかなければなりません。というより、相手の言うことなどが分かっていなければ、「意味の流れ」が生じることはない、と理解すべきなのでしょう。もともと被疑者は検察官に強い警戒心を持っているはずですから、容易に心を開かないでしょう。また、検察官は国家権力を背景にし、相手の身柄を拘束したり、圧倒的に有利な証拠をも手許に持っているという優越的立場にあります。或いはまた検察官の方には使命感から高圧的に出る可能性があるでしょう。別に対話ができなくても、取調はできるという状況も多いことでしょう。しかしもし、両者間に対話が成り立てば、被疑者はこうした対話を通じて検察官が自分のことを分かってくれているということが分かり、検察官を信頼することでしょう。陰影のある真実を述べるでしょう。それは、この人なら陰影のある真実の細やかさを分かってくれるだろうと信頼するからです。真実をうがつ、よい取調ができることでしょうし、そもそも検察官自身の人間的な成長につながることでしょう。

＊　＊

一つ例を挙げます。第二八代として今回検事総長になられた大野恒太郎さんの「顔」（「読売新聞」朝刊平成二六年七月一九日）に出ていた逸話です。

「二三年前、巨額脱税事件で逮捕されたホテル経営者の会長を取り調べた。真実を話すよう必死に説得したが、三〇歳も上の会長は若造扱いして、ろくに口も利かない。思い悩んだ時、取調室から夕焼けに映える富士山が見えた。ふと力が抜け、『きれいですよ』と声をかけた。相手も緊張していたのだろう。窓際で一緒に眺めていると、涙を流して容疑を認め始めた」というのです。そして、大野氏は「『取調べには真摯な姿勢こそ大事だ』と学んだ」と言います。

私は、このとき検察官と被疑者の間に、意味の流れのある対話の基盤が成立したのだと思います。これはのちに話す「頓智」ともつながりますが、ここで注目したいのは、検察官の真摯さと人柄が相手に感銘を与えているという背景があり、富士山の夕焼けを共に眺めてその神々しい美に共に包まれたということが共通の土俵になっているということです。対話の基盤が成り立ち、対話をしようとする気持が醸成されたということです。

＊　＊

調停委員も対話力がなければなりません。いうまでもなく、討議ではなく、対話です。ではどうすれば対話ができるのか。まず、人と自然にしゃべれなければなりません。スキルとしての出発点は世間話でよいのです。世間話もできないようでは困ります。雑談力が必要です。次に、理解力と共感力がなければなりません。

友人同士のように、価値観をほとんど共有している関係では、価値観を共感するなどという作業が入る必要はなく、気楽に対話ができますが、保守と革新の違いがあるとすると、価値観を共通するわけにはいきません。しかし、相手の価値観を「そういうものだ」と理解し、相手がそういう価値観をもつ理由を理解することはできます。それに加えて、その意見に自分は賛成できないが相手がそういう価値観を持つことを是認、つまりよしと認めることもできます。

ただ調停では、調停委員に対話の重要性が分かり、実践しようと真剣になっているのに、当事者の方にはてんでその気がない。むしろ拒絶的ですらある、或いは、攻撃的ですらある、という状況がまま見られることです。どうすれば相手を対話的気分にさせうるか、という関門があります。この関門をぐる方法、きっかけは、予測不可能といってもよく、さきほどの「夕日に映える富士を共に眺める」のように、むしろ準備できないものと考えた方がよいようです。しかし、その気がありさえすれば、そして、真摯な姿勢で臨み、教養豊かな素地があれば、どんなことでも相手を打つことがあるのではないかと思っています。調停委員に幅広い教養が必要である所以です。なお、このことは、のちに述べる「頓智」と関係します。

＊　＊

対話に関する経験談をお話します。その当事者はとても主張が強く、攻撃的な人でしたが、複雑なことを理路整然と説明することのできる人でした。調停の相手方は今までその人との対応にとても苦慮していたようでした。その事件には複雑ないきさつがあって、説明するのに時間がかかる案件でしたが、私は一回につき二時間余り、じっと相手の目を見ながら、黙って相手の話を聴き続けること数回繰り返しました。調停の相手方には「事情聴取に時間がかかるから、しばらくはただ待っていてください」と伝えてあり、事件の内容から相手方もそれを了解していました。その上で、私は「長時間話を聴いた。あなたも十分話したことだろうし、こちらも一通りのことを聴いたと思う。これからはこちらから、ものを言うから聴いてほしい」と言って、意見を述べ始めました。当事者はもちろん言葉を返します。この意見の交換は緊張に満ちていて対話といってよいのかという問題はありますが、対話の基盤はできていたのではないかと思います。結局調停は成立しました。そして、最後に「ありがとうございました」と言われました。

＊　＊

ずっと目を見ながら話を聴いたのは、よそ見のできる雰囲気ではなかったことからそうしたということもあります。こういうときにこちらの視線をどこにもっていくかは重要だと思います。視線をそらしたり、よそ見をしたりして視線にある一定さを欠くことは落ち着きなく見えますし、逃げているように見えてまずいと思います。ただ目を直接見て聴くというのは疲れて、長続きしません。五分ももたないのではないかと思います。或いは、視線を合わせることに精力を使いすぎて聴く力が落ちる可能性があります。

話す方は能動的になっているから、目を直接見て話しても余り疲れません。資料を見たり提出したりすることで中断できることもあります。

それで、聴く側ですが、聴くときは、目を直接見ないで、鼻と鼻の間、鼻の上部を見る感じで、相手の視線を和らげるのがよいようです。これは次に述べるセラピストもそのように言っています。しかし真剣に聴きましたし、疲れもしました。それは当事者にも分かったと思います。そして、この人なら話そう、とにかく熱心に聴いてくれる。分かってくれる、意見も受け入れよう、ということになったのではないかと思うのです。

＊　＊

哲学者の鷲田清一さんが言っていますが、「もてる男は聞き上手」なのだそうです。相手のことを相手の身になって考える、相手が揺れているなら落ち着くまでずっと傍にいてあげる……というのがよいのだそうです。（「読売新聞」朝刊平成二六年九月二日）「当事者からもてる調停委員」になるためには、聞き上手でなければなりません。対話ができる第一歩になるはずです。

適切に対話をするためには、適切な言葉を選べる言葉力が必要です。そして、人格的な素地として、暖かさ、やさしさ、包容力などが必要になることでしょう。今、これらについて逐一説明しませんが、おいおい言及することができると思います。

二　「タフでなければ生きていけない。やさしくなければ生きていく資格がない。」

（参考文献）レイモンド・チャンドラー『プレイバック』
（清水俊二訳・ハヤカワミステリ文庫、一九七七年）

「タフでなければ生きていけない、やさしくなければ生きていく資格がない」というのは、推理小説家レイモンド・チャンドラーの最後の作品『プレイバック』で私立探偵フィリップ・マーロウが言うセリフです。チャンドラーは、村上春樹に大きな影響を与えている作家ですが、その作品は、気の利いた文章やセリフがちりばめられていることに魅力があり、マーロウの言うこのセリフもその一つです。結構知られているセリフで、某経団連会長が就任の記者会見でこのセリフを引用しておられた記憶があります。

＊　　＊

私が裁判官を定年退官した直後、ある地方裁判所長から「先生は裁判官にとって一番大切な資質を一つあげるとすると、何をあげられますか」と尋ねられたことがあります。退官直後でまだ裁判官意識が残っているうちに、なんらの意図のない、純粋客観的な気持を聞いておきたい、ということであったのでしょう。

突然のことでしたが、その時私の頭にすっと浮かび上がったのは「やさしさ」とか「親切な心」ということでしたので、すぐにそのように答えました。

なぜそのように言ったのか、についてお話します。

裁判官に求められる資質は、沢山あります。法律的な知識経験や法的なセンスは当然として、順不同に並べてみても、常識、勤勉、健康、頭の良さ、好奇心、正義感、理解力、発表力、調整力、説得力、持続力、不屈の精神等々いくらでもあげられます。

では何故、私がこうした当然のことの中から取りあげずに、裁判官に求められる資質として余り取りあげられそうにもない「やさしさ」をあげたのでしょう。

＊　　＊

裁判官になって二〇年目位の頃、高等裁判所の民事部での経験です。裁判長はA判事で、私は陪席裁判官でした。高裁では全部の事件を合議で裁判することになりますが、A判事の仕事振りがすごいのです。記録を徹底的に読み、検討されるのですが、事件によっては記録をばらばらに分解して、自宅の座敷一杯に図面などを広げ、嘗めるように調べていかれるのです。合議で事件のことをいろいろ検討しますが、A判事が事件のことをしゃべり出すと、とどまるところを知りません。よくもそれだけのことがしゃべれるなあ、という位です。こちらも記録を読んでいますから、A判事の言われることがすべて資料に基づいていることが分かります。事件の表のことから裏のこと、選り取り見取りに、見る箇所や角度をいろいろ変えて、いくらでも湧き出るのでした。「事件が分かる」とはこういうことなのだと納得したものでした。そしてA判事のこの姿勢は、全事件に及ぶのです。

A判事のこのエネルギーの根元が実は、事件に対する「やさしさ」「親切」なのです。義務感というのとも少し違います。事件に対し、当事者に対してやさしいから、当然のこととして、事件の発する情報を親身になって最大もらさずに受け止め、最も正しい解決点を見出そうという精神活動になるのです。好奇心が旺盛ということもできますが、好奇心の更なる源泉であったという方が正確だと思っています。

そのころ私も裁判官一通りの経験を経ていましたし、ある程度の自信もありましたが、A判事の姿勢にはほとほと頭が下がりました。そして裁判官はこれでなければならないと身に染みたのです。裁判官は事件のことを理解しなければなりませんが、本当は理解だけでは不十分で、それを超えて共感に達することが大切なのです。それまでの私は、どちらかと言えば頭でっかちで心足らずであったと反省しました。

＊　＊

共感とは、平たく言えばその人に寄り添うようにして、その人を理解することだといってよいでしょう。A判事は、事件に共感できる人でしたが、共感するために事件に取り組む、というより、やさしさをもって深く事件に取り組むことによっておのずから事件と人に寄り添い、共感しておられたのだと思います。ですから、対立する両当事者に同じように共感することができるのです。そうすると、事件の見方もきめ細かく、彩り豊かに、立体的に見えるようになります。自ずから当事者も裁判官を信頼します。

＊　＊

先ほどあげた裁判官に求められる沢山の資質は、頭の良さなどの知的な要素を除くと、タフネスと要約できるかと思いますが、こうしたタフネスの背後にやさしさがあることによって、タフネスを柔らかく包み、その方向を正しく指導することになるのだと思います。反対にこのやさしさを欠くと、なにかロボットのような怪力無双の人造人間になりかねず、そんな裁判官は願い下げです。背後にやさしさがあることによって、このタフネスがより望ましいものに転化或いは昇華するのだと思うのです。裁判官は心やさしく、力持ちでなければなりません。標題のとおり裁判官は「タフでなければ生きていけない、やさしくなければ生きていく資格がない」のです。

なお、タフネスについては、別の項目でもお話します。

＊　　＊

この話は調停委員にも一〇〇%妥当します。やはりまず、タフでなければなりません。当事者にはいろんな人がいます。扱いにくい人、頑固な人、意固地な人、強面の人、ずるい人等々、調停委員が今までに出会ったことのない人、これからも自分の社会生活では出会うことのないような人、出会いたくないような人がいます。得意、不得意の別では、本当に不得意な人とも対話をしなければなりません。そのためにはやはりある意味でのタフネスが要るのです。

先ほど例をあげた当事者などは、こちらにタフネスがなければ、対応できないでしょうし、負けまいとする変な力が入ってしまって、自然な展開は期待できないと思います。

それとやさしさ、暖かさが大切です。どんな人と議論になっても、対等にけんかをしてはいけません。しかし、調停委員の気質にやさしさがあると、それは共感に通じますし、相手にも分かります。その時には分からなくても、或いは分かった顔をしなくても、にじみ通るものがあるはずです。

三　公平、気力、頓智

「公平、気力、頓智」は、私が尊敬し、遠くから密かに師事していた先輩裁判官から「民事裁判の要諦（肝心かなめのこと）」として直接教えられたことです。そのころ私も裁判官として一通りの経験を積んでいましたから、この言葉が大切なことを要約したものであるとすぐに納得し身に染みたことを覚えています。

この要約された言葉は、調停にもそのまま妥当すると思いますから、私の責任において少し説明します。「私の責任において」といいますのは、その先輩から詳しく説明を受けておらず、私がこういうことだろうな、と考えたことだからです。

＊　＊

最初の「公平」は、調停実務で日頃大切なこととよく言われることがらですから、詳しいことは省略します。

ただ一言。当事者から「公平な人」と思われることが必要です。それはなにも手続的に調停運営を公平にするというに留まらずに、教養を背景とした会話のやりとりや表情から自然と感じとられるものであることを申し添えます。

＊　＊

「気力」については、先ほどのタフネスと関係します。調停運営にはある意味でのエネルギーが必要ですが、そのエネルギーを産み出す根源が気力なのです。

そして、これらの気力は、調停委員としてのこころざしと見識の高さからにじみ出るものが望ましく、そういう気力は長続きしますし、調停の場にみなぎって説得力を導くように思います。また気力は、筋力がそうであるように、意識して適切に鍛え続けることが肝要です。調停のフィールドでこそ鍛えられるのだという意識を持つことも必要です。調停に望ましい気力でなければならないからです。こうしたことと離れた、むやみな気力、裸の気力は長続きせず、無駄が多く、またかえって対立を助長させるおそれすらあるものです。会社員が会社で必要とする気力とは必ずしも同じではありません。調停委員は事件を選べませんから、どんな事件にも対応できなければならず、事件に応じて気力を使い分けしなければなりません。そのためには気力は柔軟なものにしておかなければならないのです。

＊　　＊

残る「頓智」について申し上げます。頓智というと「一休さん」の頓智を思いがちですが、機に応じて働く知恵のことで、機知とも言います。当意即妙の才、思いがけない視点からタイミングよく適切な指摘ができる才です。

＊　　＊

「気分を変える素材」ということで例をあげます。近鉄は昔、名古屋から中川までは狭軌、中川から大阪までは広軌でしたから、名古屋から大阪へ行くのに、中川で電車を乗り換えていたのです。伊勢湾台風で名古屋・中川間が壊滅的な被害を受けました。その時、近鉄の社長が「この機会に復旧は広軌でする」と決断し、そのようにしたのです。それは復旧を大幅に超える大工事（電車の規格と線路の幅だけではなく、路床やプラットホームも変えなければなりません）だったと思いますが、この際だと決断されたのでしょう。税制とか補助金とか「この際」と決断するに足りる有利な事情もあったことでしょう。そのため、今近鉄は名古屋、京都、大阪、鳥羽、賢島全部が広軌で統一され、乗り換えなしで同じ列車で行き来できるようになりました。これは災い転じて福となす一例です。狭軌を広軌に変えることは普通はありえません。ＪＲがずっと狭軌のままであることをみればよく分かります。

しかし、狭軌を広軌にできないという（決定的な）「欠点」＝（ある意味での）「災害」があったから、思考方法を転換し、超広軌である新幹線を発想し、これを作っていったということになりますから、これも「頓智」の一つの例になるのです。

紛争事例ではありませんが、紛争も大きな意味では災害ですから、災害一般も参考事例になるのです。災いを転じて福と変える頓智の一例です。紛争という災いの機会に、当面の問題に限らない、ある解決ができる場合があります。それを提案すると、展望がぐっと開けて、当事者は当面の紛争を一時棚上げして、その目的に邁進するということがあります。これはウイン・ウインの一例です。つまり、ウイン・ウインの提案が頓智なのです。

つまり、機に応じて働く知恵である頓智の延長線上に、その事件に即応した解決の知恵があるはずなのです。それはおそらく法律的、人間的、世俗的知恵の総合なのだと思います。調停委員が頓智を出せばよいのです。

さて、ウイン・ウインの提案ができなくても、なにかユーモアや機転ある発言がきっかけになって、当事者の気分が変わることがあります。こうしたユーモアや知恵がにじみ出る土壌が頓智です。それは法律を勉強していれば出てくるというものではなく、豊かな調停経験が必要であり、その背後に幅広い人生経験や深い教養がなければならないのだと思います。

＊　＊

こうしてみると、「公平」も「気力」も「頓智」も結局のところ、こころざしや教養と無縁のものではないことが分かります。そう言えば、私淑していた上記の先輩裁判官は、深い教養の持ち主で、じゅんじゅんと説くことのできるもの静かな人でしたが、底知れない気力を秘めておられ、難事件を見事に解決されていますし、多くの指導的裁判を残しておられ、民事裁判文化に多大の貢献をされた方でありました。

四　セラピストに学ぶ

（参考文献）最相葉月『セラピスト』（新潮社、二〇一四年）
中井久夫『こんなとき私はどうしてきたか』（医学書院、二〇〇七年）

セラピストとは精神科医、臨床心理士や心理療法士らを総称する言葉です。これらの人は、精神の障害や深刻な悩みなど、心に問題のある人（クライアント、来談者、被験者などと呼びます）と面談し、診断と治療をします。その面談が簡単、容易のものでないことは調停の比ではありません。

私は、調停の当事者には心の問題があるということで、セラピストを引き出すのではありません。世の中で最も難しい面談をいつもしている人たちの工夫、ノウハウには、調停委員として学ぶべきものがあると思うからです。

*　*

例えば、診断を受けにきておりながら、一言ものを言わないクライアントに、セラピストはどのように接するのか。

あるセラピストは、それは大学病院の精神科医ですが、まず、その人は、いつも待合室まで自分で患者を迎えに行きます。通常は、看護師などが「何々さん（或いは何番の方）、診察室にお入りください。」とアナウンスするのでしょうが、そのようにはしないのです。次に、クライアントが黙っていると、忙しい大学病院なのに、一〇分間でも、その患者に寄り添うようにして、発言を待っているのだそうです。発言を促すこともしないのです。そうしたことは、大学病院では異例中の異例だそうです。しかし、そのようにしたあげくに出てくる発言は、わずかのものでも、無理とかのバイアスのかかっていない、自然の声なのだと思われます。また実は、診察は言葉だけに頼らないものなのだそうです。その精神科医がクライアントを呼びにいくその最初から、ずっと黙っているクライアントに寄り添うという接触を通じて、自然な診察ができており、たとえクライアントが最後まで一言も発しなくても、診察、治療はできているのだと思われます。

しばらくカウンセリング、カウンセラーという言葉を用いますので、言葉の説明をします。カウンセリングとは、「言語的な話し合い」によって問題を解決していく心理療法の一つで、カウンセラーとは、カウンセリングを行う人のことです。

＊　　＊

さて、カウンセラーは、カウンセラーになる前提としてまず自分を知ることが大切だと言われていて、カウンセラー自身が他のカウンセラーのカウンセリングを受けることが推奨されています。教育分析といいます。「スーパーバイザー」という名の指導者にいつもついていることも有用だとされています。

どんな人がカウンセラーに向いているか、ですが、みずから苦しんだ人がクライアントのことが分かり優秀かというと、そうとは限らない。その人の傷がバイアスを与えて邪魔してしまうことがある。ではすくすく育った人がいいかというと、今度は相手の傷が分からない。

教育分析を受ける必要があるのはそのためだそうです。優秀な人が三分の一、まあまあの人が三分の一、向いていない人が三分の一と言われます。調停委員の場合も案外そういう区分ができるかもしれません。そして、一人前のカウンセラーになるのに二五年かかるといいます。一方、クライアント側が「信頼できる医師に出会うまで五年」といいます。

という訳で、カウンセリング、カウンセラーの世界は、容易なことではないということが分かります。一人前になるのに二五年という世界です。実は調停委員も、調停委員に任命されてすぐ一人前の調停委員になるわけでは決してない。何年かかかります。ここのところを十分に認識しておくことが大切です。それと調停委員にもスーパーバイザーがあった方がよいのですが、制度としてはありません。公的な或いは自主的な研修や自己研鑽でまかなうほかないのが実情です。

＊　　＊

また、調停委員が当事者の発言を聴くときに、その内容を了知する、つまり、理解するにとどめて、その内容に賛成したり、反対してはいけない、ということは、皆さんもご存知のところです。ところが、そういう会話は、実際にはとても難しいことなのです。会話である以上、発言者がしゃべり、それを聴取者が聞くことになるのですが、聴取者が黙ったままでいると、発言者は困ってしまいます。聴取者も困ってしまいます。ですから、なんらかのあいづちのような相の手を入れる必要がどうしても生じます。そこでうなずくなどの動作に出るのですが、うなずくことは賛成をしているように受け止められます。

＊　　＊

どうすればよいのか。当事者は調停委員に語りかけているのに、調停委員が裁判官のように無表情で相の手も打ってくれないのでは、調停の場面が死んだようになることでしょう。

セラピストにしても同じです。発言しているクライアントになんらかの相の手を入れないでは、診察の場面が成り立たないようです。セラピストの場合には、考慮すべき反対当事者がいないといっても、クライアントの発言を一〇〇％是認するということが診察や治療に害を及ぼす可能性がありますから、中立的な相の手を考えないわけにいきません。そこで、中立的な相の手を入れていることになります。

その中立的な相の手が、「へぇ」「ハァ」、「フーン」、「ホウ」等で、ハ行が多いですね。これをその場に応じて、上手に表情豊かに入れていって会話を継続し、しかし終わってみれば、発言者の発言になんの評価も加えていないというわけです。

中井久夫さんが紹介していることですが、「神田橋條治先生は、「ほぉ」というのを五〇〇種類出せるというんですよ」

調停委員がセラピストから学ぶべきことの一つです。

しかし実は、調停には対立する当事者がいますから、クライアントが一人だけのセラピスト以上に「中立的」な相の手が必要なのだということを申し添えておきます。

セラピストのクライアントに対する態度は、「寄り添う」というところにあると言われます。「関与しながらの観察」とか「関与的観察」と言われるもので、患者の苦悩に寄り添い、深く「関与」しつつ、一方で、その表情や行動、患者を取り巻く状況に対しては冷静で客観的な「観察」を怠らない。

調停に同席、別席の区別があります。同席にはそれなりの長所がありますが、別席にも長所があります。それは当事者に「寄り添う」ことができるからです。正反対である両当事者にそれぞれ自然に「寄り添う」ことができるのです。調停委員は当事者を「理解」するに留まらずに、「共感」に達することが必要なのですが、共感に達する一つの方法が「寄り添って」みることだと思います。嫌な当事者、我慢できない当事者がいるものです。だからその人たちを嫌ってしまって、近寄らないというのでは調停になりません。どんな人にも「寄り添う」のです。するとそこから共感がでてくるのだと思います。

＊　＊

優れたセラピストが日常していることなのです。

＊　＊

なお、参考文献に掲げた最相葉月さんは、自身に心の問題があってカウンセリングを継続的に受けた経験のある人ですが、その経験から「良質なセラピストとはクライアントにとって相性のいい人、ですね。第一印象がよくて違和感のない人。そして、初診の時に、病歴や家族のことを丁寧に聞いてくれる人。私の場合も私に合うセラピストに出会うまで一〇人くらい回り道をしました」と言っています。（「Wedge」二六巻八号）

当事者は調停委員を選べませんから。調停委員は今の言葉をかみしめて、どんな当事者にも相性のいい調停委員になる努力をしなければなりません。それにはその場に応じて自分の色を変えるカメレオンのようにならなければならないのかとも思われますが、そういうわけにもいきませんから、無名無私がよいのだと私は思います。

五　作家の心と関連させて

少し観点を変え、作家の心と関連させてお話しします。

（参考文献）辻原登「東大で文学を学ぶ」（朝日選書、二〇一四年）

＊　　　　＊

作家は、小説で沢山の人物を創り出し、いろいろの行動をさせます。それも頭の先で考えただけの、とってつけたような人物や行動では全然だめです。真実味がなければなりません。一人の人間にすぎない作家になぜこのようなことができるのか、不思議ですね。

辻原登は、芥川賞や読売文学賞やいろんな賞を取っている、優れた小説家で、その作品はワンパターンではなく多様性があるのですが、「東大で文学を学ぶ」で、「右とか左とかいうものではなく、公平な世界観、人間や自然、歴史に対する深い認識と洞察力がなければ、とうてい多くの登場人物を支えきれません」と創作の秘密を語っています。

シェイクスピアは「千の心を持っていた」と言われます。

シューベルトは三〇歳で亡くなっていますが、生涯で六〇〇の歌曲を創っています。彼は若くして六〇〇の心を持っていたと観察してもよいのです。

調停委員も多くの登場人物と対峙するのですから、作家と同じような背景を持っていると、対象者を理解する上でも、対話をする上でも、最後に説得をする上でも、とても力強い支えになると思います。

＊　＊

私は、無名無私が大切だと言いましたが、それは自分の中味が空っぽであることを意味するのではなく、中味は充実しているが、自分というものを表に出さない位の意味で受け取っていただきたいと思っています。つまり、無名無私といっても、何百かの心を持っているに等しいような豊かな素地を持っていてほしいのです。簡単に言うと、教養で満ちていてほしいのです。そしてそれは辻原登の言う「公平な世界観、人間や自然、歴史に対する深い認識と洞察力」で裏打ちされていてほしいと思っています。

（注）以上は、川口冨男先生が調停委員向けに行われた講演を、要約して掲載したものです。

第八章　特別収録

（本章では、川口先生が「裁判エッセイ」の他に書かれたなかで、特に好評であったエッセイを収録しました。）

ゴルフ外国語論　――六八歳の手習い――

一　人間にとって不自由なゴルフ

ゴルフという運動はなんとも不自由なものです。三〇年来付き合ってもその不自由感は少しもとれず、自然な感じで身体になじんでくれません。むしろ年をとるに従って不自由感が増してくるようですらあるのです。それはあたかも後天的に身につけようとする外国語としんそこ似通っているように思えてなりません。ネイティヴでないものが外国語を身につけるのは、当人にとってまことに不自由なもので、習得するのに時間と根気をかかせません。費用もかかります。磨き続けていないとすぐに錆び付きます。

一方ゴルフという運動は、走るとか、投げるといった自然な、人間生来の運動神経でこなせるものではありません。もともと斜め下にある球を打つ、それも方向と距離についてコントロールしなければならないなどということは、垂直軸か水平軸の動きを得意とする人間にとって不自然極まる運動です。よくもこれだけ人間の運動性にそぐわない遊びを考え出したものだとあきれるくらいです。それでいて、ゴルフは神が人に与え賜うた最高の遊びだと言うのですから、なにをかいわんやです。

二　ゴルフの外国語的特徴

こういう次第で、ゴルフをマスターするには、まさに時間と根気が必要です。いったんマスターしたと思っても、続けていないとすぐに駄目になります。こういうところは外国語の習得そのものだというべきでありましょう。ある時はすごくうまくいき、これでゴルフに開眼したかと思う瞬間を覚えたことも何度かありますが、いつもすぐに幻のごとく雲散霧消してしまいますので、あるいは外国語の習得より厳しいのかもしれません。

しかし、いったんそこそこにでもゴルフを身につけると、外国語ならぬゴルフ語を使っていろんな人と交流することができます。この点も外国語に似ていると言えると思うのです。私のゴルフ語はまことに下手ですが、下手は下手なりに懸命にこれを使って諸兄姉と「会話」を楽しんできました。長年裁判官をしていましたが、おかげでそれこそ裁判所外のいろんな人と「会話」する機会を得ることができたのです。このためにどれほどの楽しみを覚え、得るところが大きかったかは筆舌に尽くしがたいところです。

さらにゴルフが外国語に似ていると思うのは、どうやら若くして身につけた方がよいという点です。このごろは余り耳にしませんが、ゴルフのハンディは始めた年の半分にはなるとよく言われました。このセオリー（?）が語っているように、若いうちに始める方がよいということはどうやら真実といえるようです。このことでタイガー・ウッズを持ち出すまでもないでしょう。

三　ゴルフの修得方法

大体レッスン書をひもといてゴルフが上達するものではありません。この点も外国語習得に似通ってきますので、その性質を論ずれば論ずるほど、ゴルフ外国語論が正しいことになっていくように思われるのですが、そうだとすると、理屈はともかくとして、外国語を身につけるような方法でゴルフに接すればゴルフが自然に身につくはずではありませんか。

ネイティヴでないものが外国語を覚えるにはどうすればよいか、若いうちに始めた方がよいものを六八歳で自然感を得るにはどうすればよいかという設問を置いて検討すれば、答えはおのずから出てきます。ネイティヴにまじり、そのネイティヴの教えを受けるというか、盗むというか、これしかない。

ゴルフのネイティヴが誰かと問えば、それはプロということになります。タイガー・ウッズがゴルフのネイティヴであることに異論を唱える人はおりません。そのプレーを見ていて素人目にもそのように思われます。不自然な感じが全然ないからです。この域にあるプロがアメリカにたくさんいることは、衛星放送で放映されるアメリカのプロ競技をみていても納得できます。

四　六八歳の手習い

幸い私の所属クラブのヘッドプロが日本オープンの優勝もしている人なのです。日本オープンの優勝者であれば、日本一を極めた人です。タイガー・ウッズといわなくとも、ゴルフのネイティヴと見なしてよいと思えるし、私の理論（?）によれば、このネイティヴに理屈抜きで教えを受けるならば、外国語たるゴルフもネイティヴのように扱えるようになるはずであると、ある時そのように思い立ちまして、今までプロのレッスンを受けたことはなかったのですが、レッスンを仰ぐ決意を固めました。習プロに習うということは、長年自己流にしても積み重ねてきたものを捨てる危険がありますから、習いたいという気持ちはあっても、六八歳で新たに門を叩くには勇気がいります。「犯意の飛躍的表動」としての実行の着手はなかなかできないものです。ゴルフの不自由感が身にしみていた時でもあり、ゴルフ外国語論が教唆してくれましたし、従犯として支えてもくれました。そのプロが礼儀正しい紳士であるということも誘因材料になりました。

五　鰯の頭信心的実践

しかし、ネイティヴでない年寄りが外国語を覚えるのは大変です。危惧していたとおりグリップはすっかり変えられるし、おのずからスイングの軌道もすっかり変えられ、びっくりしました。しかもスイング論は「トップ・オブ・スイングで体の右上後方にまっすぐに挙げられた左腕の手首を左太もの前にまっすぐに引き下ろしてくる」というだけですので、どうも単純すぎるし、いままで余り聞いたことがない方法論なので、ひょっとするともう捨てられた理論かなという疑念と不安の影が一瞬頭をよぎりましたが、いやいや間違った理論で、日本オープンに勝てるわけがない、ネイティヴから外国語を覚えようとする者が理屈を言ってはいけません。それにこの単純きわまる打撃理論だと、斜め下の球を打って方向と距離をコントロールするという、ゴルフ本来の不自然さが解消できるのではないかという安心感も手伝い、鰯の頭的信心で教えられるままに実践を始めています。

まだ教祖様に矯正してもらっている最中でして、結論をご報告できる域には達していませんし、理屈好きのゴルフ愛好家の皆様に理論的説明ができないのですが、この単純きわまる打法で、とても良い打球が出ます。ベアグラウンドからアプローチしても、この打法で柔らかく打ってほぼ失敗しません。ゴルフの不自由感が減少したようにも感じます。信心による奇跡のようで、まさにゴルフネイティヴになったような気分になれますので、今のところこのまま身につくことを信じ、祈りながらこの打法でゴルフを楽しんでいます。

肖像画を観る

我が国では、風景画などと比べて肖像画は今一つ人気がない。泰西名画展などでも、風景画の前には人垣ができていて、鑑賞もままならないのに、肖像画の前は、閑散としているのが普通である。制作の面でも、肖像画は極端に少ないようで、昨秋（平成九年）の日展東京展を観ても、洋画、日本画を通じてあの膨大な作品の中で、人物を主題にした画がごくわずかしかなかったことを思い出す。それも舞妓の立ち姿のように、人物が大きく描かれていても、むしろ画全体の中の点景のように扱われているのがほとんどである。それはもう風景画の一種というべきで、こうした画はその美しさの故にまた人気があって、人だかりしている。ここにいう肖像画は、そうした画ではなく、人物だけが対象になっていて、その風貌を描き出すことを主題としているものをいう。どうしても地味なものになることは避けられない。西欧には、肖像画だけを展示している肖像画美術館があるようであるが、我が国にはないし、常設の美術館の収蔵品にも肖像画は少ないようである。つまり、我が国では、一流の肖像画を観る機会は少ないということになるが、それはともかくとして、肖像画を観ることは、法曹に必要な、人を観る力を涵養することにつながらないものでもないとの考えから、修習生らに、肖像画を観ることに三徳ありなどと説いたこともあるので、その辺りのことを記してみたい。

「従妹ベット」、「従兄ポンス」等で知られる、フランスの文豪バルザックは、印刷事業等に手を出しては失敗を重ね、多額の負債を何回も抱え込み、多数の訴訟を起こされ、同時に多彩かつ奇想天外ともいうべき恋愛遍歴をし、あまつさえ総選挙に何回か立候補をしては落選しているのである。それらと平行して、大部の、人生の実相を描く傑作を多くものにしていて、まさに文豪の名に恥じない作家である。私は、このような人物がどのような風貌の、どういう人であるか、一体一人の人間にこれだけの破天荒をなしうるものか、これらの本を愛読した若いころからの長年の疑問であったのであるが、昭和三〇年代に上野の西洋美術館が開館し、そのころ判事補研修行事の一環として同館を見学したときのこと、そこでロダン作のバルザック像を初めて観て、長年の疑問が氷解したことを思い出す。それは、いかつい顔つきの、堂々たる恰幅で、あたりを睥睨するかのごとき迫力に満ちた像であり、作家というよりも、厳しくなまなましい修羅場を生き抜いてきた、鍛えぬかれた実業人を思わせるものであった。バルザックにおいては、自らの強い世俗的欲望を一種のエネルギー源にすることによって文学を創作していたと説明できるのだろう。私は、ロダンに紹介されて、バルザックに出会うことができた思いがし、以後バルザックをより身近に感じられるようになったと思うのである。

もっとも、このバルザック像のオリジナルの石膏像は、バルザックの死後に制作されたもので、当時パリで傑作だ、いや醜いなどという大変な騒動をもたらしたものであり、精神的内容は、バルザックをはるかに凌駕するものという意見が多い作品とのちに知った。バルザックへのロダンの思いがこもり、その芸術的手腕が高らかにこの像を産み出したのであろうが、バルザックを知る重要な手掛りになることに変わりはない。故人を知る手だてとしては、このように、彫刻も重要であり、私個人としては彫刻で肖像を観ることの意義を感じ始めたのだが、肖像画の方が数も多く、したがって機会にめぐまれると思うので、そちらを中心に筆を進めたい。

画は、もとよりその原画を観るにこしたことはない。原画というものは子や恋人のような意味で「かけがえのない」ものであり、写真が本人の代替にならないように、複製が原画の代替になるものではない。しかし肖像画に関しては、その人となりを理解するためだけならば複製でも、印刷でも十分にその目的を達しうると思う。肖像画の歴史的大家ということになると、ベラスケス、レンブラント、ゴヤということになるかと思うが、堀田善衛『ゴヤ』(新潮社、一九七四〜一九七七年)は、そのうちのゴヤの優れた評伝である。氏は、この作品を著すに際して、原画主義をとられ、全世界を観て回られたようであり、肖像画が個人蔵になっていることが多い関係で、随分苦労されたのであるが、どうしても観ることのできなかったものもあるそうで、そういうときには複製でまかなわれた。読者として、それはそれで少しも差し支えがないと思う次第である。そして、この本には、言及されている画が豊富に引用されているから、読者にとっては、まことに都合がよい。氏とともに、ゴヤの世界を渉猟できるようになっている。また、小林秀雄の名著『モオツァルト』(一九四六年)では、素人画家である義兄ランゲが描いた肖像画の写真が立論の重要な基礎になっている。少し引用してみよう。

「僕は、その頃、モオツァルトの未完成の肖像畫の写真を一枚持ってゐて、大事にしてゐた。それは、巧な繪ではないが、美しい女の様な顔で、何か恐しく不幸な感情が現れてゐる奇妙な繪であった。モオツァルトは、大きな眼を一杯に見開いて、少しうつ向きになってゐた。人間は、人前で、こんな顔が出来るものではない。彼は、畫家が眼の前にゐる事など、全く忘れて了ってゐるに違いない。二重瞼の大きな眼は何にも見てはゐない。世界はとうに消えてゐる。ある巨きな惱みがあり、彼の心は、それで一杯になってゐる。眼も口も何の用もなさぬ。彼は、一切を耳に賭けて待ってゐる。耳は動物の耳の様に動いてゐるのかも知れぬ。が、頭髪に隠れて見えぬ。ト短調シンフォニイは、時々こんな顔をしなければならない人物から生まれたものに間違ひはない。僕はさう信じた。」複製としての一枚の写真からこれだけのことを感じとる氏の眼力には恐れ入るほかない。

私も、かつて丸善のバーゲンで見つけてきたフェルメールの「ターバンを巻いた少女」（あどけない、しかし成熟の萌芽を秘めている「北方のモナリザ」とも言われる少女像）の原寸大の複製画を自宅の廊下に張り出して楽しんでいたところ、額装すれば見違えるようになると勧められ、そのようにしてもらったら、そのとおりで、原画（ハーグのマウリッツハイス美術館蔵）さながらになった。むしろ貴重な原画は、くだんの美術館に預けてあるといった感興で、楽しんでいる。

このように肖像画については、複製画でもひとかどの役に立つのは、人の表情に我々が慣れ親しんでいることから、複製画でも、時にはモノクロの印刷でも十分に情報が伝わり易いためであろう。そういえば、今春（平成一〇年）明石海峡大橋開通を契機として、四国は鳴門市に陶板名画美術館が出現した。ヴァティカン宮殿のシスティーナ礼拝堂を、ミケランジェロの壁画「最後の審判」と天井画「天地創造」とともに原寸大で原物さながらに再現しているのを初めとして、古代絵画、ルネッサンス絵画からピカソの「ゲルニカ」を経て現代絵画に至るまで世界の屈指の名画を千点余り、陶板で原画そのままに原寸大で、質感、量感も含めて再現している。その中には、選りすぐりの傑作肖像画が多数展示されているので、肖像画ファンであり、複製満足派である小生にはこたえられない「美術館」が身近なところに出現したと喜んでいる。

肖像画が描かれることが少なくなった理由の最大のものは、一九世紀半ばに写真術が完成されたことであるが、それでも、写真と肖像画には違いがあると思う。肖像画では、制作の段階で、かなりの時間画家とモデルが対峙しその間画家による鋭い観察がされ、一方モデルもその凝視に耐えつつ、これに対向する緊張関係があるだろうし、そこにはいろんな対話も交わされるだろう。そうした過程を経て、画家は対象を見抜き、イメージを確立し、高度の技法を駆使して、描き上げる。省略とデフォルメは必然である。画風という形で画家の姿も投影される。肖像画は、依頼主のあることがほとんどであり、しかもその目的に従って、神性、聖性、威厳性等が求められ、あるいは美が強調されなければならないであろう。画家も職業人であってみれば、こうしたいわば当然の要求に応えながら、芸術家としての眼力がモデルの性格を見抜き、意識的にか、無意識的にかそれを同時に描きこんでいく。

その最たる画家がかのゴヤであり、その辺りの消息は前記の『ゴヤ』に詳しい。私は、肖像画の前に立ったとき、画家のいわば良心の発露としての真実の発信を的確に受け止めることができるかという緊張を味わうのである。人に会うということは、いかなる場合も緊張を伴うものであり、疲れを覚えるものであるが、肖像画を観る際にも同じ現象がある。

我々は、肖像画を通じ、故人に会うことができるほか、絶対に会うことのかなわない人にもさしで会える。じろじろ見てもぶしつけにならないのもよい。外国人とも、言葉の障害なしに交歓ができるというメリットも指摘しておきたい。

肖像画が描かれることが少なくなったといっても、自画像はまた別である。画家で自画像を描かない人はいないのではないかと思うくらいである。先ず若いころの自画像がある。習作的な要素もあるし、モデルを得られないという事情もあるだろうが、若者の希望、混沌、抑圧や、世に出られない鬱憤などがないまぜになっているのが多いし、かなりの程度似通ったものになりがちである。私は、せめて不惑を超えたのちの自画像を観たいのであるが、大家になってからのものに触れる機会は少なくなる。例外の一人がレンブラントであり、生涯にわたって描いていて、偉大な画家の青春、成熟、老熟、老いの軌跡を追うことができ、興味がつきない。同時の比較鑑賞は画集でするほかないが、前記の陶板名画美術館には、複製の特権として、「レンブラントの自画像」なるテーマ展示室が設けられていて、ヨーロッパ有数の美術館所蔵の自画像一五点が年代順に一堂に並べられ、同時に鑑賞できる仕掛けになっているのは、まことに重宝である。

画家ではないが、正岡子規の自画像が松山市の子規記念博物館に展示されている。子規は、画才にも恵まれていて、その見事な一端は、晩年の随筆集『仰臥漫録』でもうかがうことができる。少年のころから、「体が丈夫なら画家になってみたい」「文学者たらんか画工とならんか我は画工を選ばん」と言っていた位である。そして、子規が俳句の写生説を強く主張したのは、子規自身画が好きだということと無縁ではないそうなので（大岡信『正岡子規』一九一頁（岩波書店、一九九五年））、一見関係がないように見えることが、底ではつながっている例として興味深いが、その自画像を観ると、子規は、面長、少し張った顎と頬骨、太くて濃い眉毛、通った鼻筋、大きめの口の持ち主だったようで、かっと見開いた凝視する眼とともに、意志のただならない強さを感じさせる。脊椎カリエスからくる病苦、とくに晩年の、激しい苦痛と寝たきりの状況を思うと、子規の業績はほとんど信じ難いくらいであるが、強い意志力が背後を支えていたのだと納得させられるのである。

画を引用しないで画のことを書いてきたので、一人合点になっていないかとおそれるが、最後に法曹として見過せない最高裁長官の肖像画について触れておきたい。

余り知られていないが、最高裁図書館の特別閲覧室に、初代から五代までの最高裁長官の肖像画が掛けられている。三淵忠彦、田中耕太郎、横田喜三郎、横田正俊、石田和外の各長官であり、それを描いた画家は、この順で、荒井睦男、小磯良平、伊東深水、安藤軍治、鈴木千久馬の各画伯である。

このうち伊東深水画伯は日本画家、他の四画伯は洋画家であり、いずれも人物画を得手とする芸術院会員クラスの大家である。この五つの肖像画は、制作時期が違うのは当然として、画風もかなり異なっていて、並べて鑑賞すると、画家の個性がよく分かって大変面白い。私は、三淵長官にお目にかかったことはないが、二代目以降の長官にはお目にかかっており、謦咳にも接している。そうしたことから判断して、二代目以降の肖像画は各長官の個性を見事に描き出していると思う。同じく初代のものもそのように断言してよいのだろう。それは、三淵長官の文章や三淵長官に接した人たちの文章によってうかがえる三淵長官の個性をまさしく表象するものだからでもある。私は、これらの画の前に立って見上げるとき、まさに各長官に親しくお目にかかっているように感じる。制作年度からすると、いずれも各長官が六八・九歳時の肖像画といえるが、精神の闊達、鷹揚、気迫、深みがにじみ出ている。各長官のたたずまいは、各画伯の創作意欲を刺激したであろうし、各画伯は、制作時に各長官と長時間前記のような高まりのある時を過ごしたはずであり、渾身の力をそそぎ、骨身を削って、しかしまた大家としての余裕をもって完成にこぎつけたものであろう。いずれも完成度のとびきり高い作品と考える。こうした形で、各長官のお人柄を偲ぶ、かけがえのないよすがが残されていることに感謝している。

蛇足ながら、肖像画を観ることについての三徳と私が言うのは、展覧会では近づきやすく、複製画でもよいというアクセスの良さがその一、すでに故人となった人を初め、会うことのかなわない人にもさしで会うことができるというのがその二、それも優れた芸術家の渾身の力をこめた観察と制作という紹介を受けて会うことができるというのがその三ということである。以上でモデルに親昵するに十分であるが、その上更に、優れたモデルと一流の画家との間の、火花を散らす、あるいはまたふくいくたる応酬を感じ取ることができれば、それは四徳ならぬ余得というものであろう。

あとがき

川口冨男先生を偲んで

本書は、当事務所のオブカウンセル弁護士川口冨男先生が、当事務所の季刊「事務所ニュース」に連載してこられた裁判エッセイを中心に、神戸調停協会及び中部調停協会連合会において調停委員の方々に対して行われたご講演の一部を編纂して、発刊したものです。

裁判エッセイは、二〇〇二年四月発行の春号から二〇一五年一月発行の新年号までの永きに亘り、ご病気のためやむなく執筆を中断されるまで、毎号欠かすことなく連載されました。

川口先生は、一九九九年一一月、高松高等裁判所長官を定年退官され、翌二〇〇〇年、縁あって、当事務所のオブカウンセル弁護士としてお迎えしました。以来、弁護士業務のほか、調停委員、調停協会、年金記録確認大阪地方第三者委員会、（公益社団法人）民間総合調停センターなどでの活動で多忙でありましたが、知る人ぞ知る読書家でありました。連載された裁判エッセイは、裁判のありよう、法曹人のあり方から、文学や歴史に対する深い洞察、ひいては人としての生き方についてまで、川口先生ならではの深い教養と読書で培われた洗練された表現力で発信されています。

川口先生のエッセイについては、各方面から季刊「事務所ニュース」が待ち遠しいと言われるほど愛読者が多く、ご生前から、調停協会における講演の一部をとり入れ、連載したエッセイを単行本として出版する計画が進められていました。癌により急逝されたため、その生前に出版できなかったことはまことに残念でありますが、当事務所として、川口先生の遺志を引き継ぎ、遺稿のエッセイも入れて「裁判の心、調停のこころ」と題して出版することになったものです。この書を川口先生の霊前に捧げたいと思います。

この書が、法曹関係者のみならず、裁判や調停に関わりのある多くの方々に対し、あるべき道標として何らかの示唆を与えることができれば、望外の喜びであります。

本書の出版に際しては、ご遺族のご協力とともに一般財団法人法曹会出版部の橋迫信宏様、稲葉唯様に大変お世話になりました。心よりお礼申し上げます。

平成二八年五月

弁護士法人中央総合法律事務所

弁護士　中　務　嗣　治　郎

川口冨男先生ご経歴

昭和　九年一一月　二日生
　三一年一〇月　司法試験合格
　三二年　三月　京都大学法学部卒業
　同　年　四月　司法修習生
　三四年　四月　京都地方裁判所判事補
　四四年　四月　東京地方裁判所判事・東京高等裁判所判事職務代行
　四七年　四月　最高裁判所調査官
　五二年　四月　大阪高等裁判所判事
　五五年　四月　大阪地方裁判所判事（部総括）
平成　三年　三月　京都家庭裁判所長
　四年一一月　京都地方裁判所長
　九年一〇月　高松高等裁判所長官
一一年一一月　定年退官

一二年　一月　弁護士登録（大阪弁護士会）
弁護士法人中央総合法律事務所入所
大阪地方裁判所及び大阪簡易裁判所調停委員
一六年　四月　大阪民事調停協会会長
近畿調停協会連合会会長
日本調停協会連合会副理事長
同　年一一月　瑞宝重光章　受勲
一八年　五月　財団法人国際民商事法センター理事
一九年　七月　年金記録確認大阪地方第三者委員会委員長（二七年六月まで）
二一年　二月　公益社団法人総合紛争解決センター（現：公益社団法人民間総合調停センター）
理事長
二八年二月二四日逝去（享年八一歳）

初出一覧（無断転載禁止）

【本編】

第一章から第七章までのエッセイ

弁護士法人中央総合法律事務所「事務所ニュース」（二〇〇二年春号から二〇一五年新年号）掲載

「裁判エッセイ」より

第七章の講演録（要約版）

日本調停協会連合会「調停時報」（一八四号および一八九号）に掲載されたものを要約して掲載

【特別収録】

「ゴルフ外国語論」

日本弁護士連合会「自由と正義」Vol.55 No.4「ひと筆」（平成一六年四月）より

「肖像画を観る」

一般財団法人法曹会「法曹」第五七二号（平成一〇年六月号）より

裁判の心　調停のこころ　　書籍番号302805

平成28年6月15日　第1版第1刷発行
平成28年7月31日　第1版第2刷発行

著　者　川　口　冨　男
（弁護士法人　中央総合法律事務所）

発行人　平　田　豊

発行所　一般財団法人　法　曹　会

〒100-0013　東京都千代田区霞が関1-1-1
振替口座　00120-0-15670
電　話　03-3581-2146
http://www.hosokai.or.jp/

落丁・乱丁はお取替えいたします。　印刷／(株)ディグ
定価はカバーに表示してあります。　製本／(株)渋谷文泉閣

ISBN 978-4-908108-54-9